Textes : Océanerosemarie, Sophie-Marie Larrouy, David Courtin, Adeline Ferrante

Photographies : © Valérie Archeno sauf à la page 87 © Brigitte Pougeoise.

Illustrations : © Jessica Lisse sauf page 28 © Olivier Tallec, page 37 © Vainui de Castelbajac, page 126 © Jul, page 163 © Sandrine Revel et page 171 © Nine Antico.

Création des faire-part : © Serge le Cow-boy sauf aux pages 52-53 © monfairepart.com

ISBN : 978-2-7324-5834-2
Connectez-vous sur www.lamartinieregroupe.com

OCÉANEROSEMARIE

LE GUIDE PRATIQUE du MARIAGE HOMO

Éditions
de La Martinière

Sommaire

SA
D
MAR

LE
S
AGES

Préface

Je suis Jean Paul Gaultier. Je suis couturier, styliste, mais surtout créateur depuis plus de trente ans. C'est ma grand-mère qui m'a appris à coudre, j'en suis heureux, car si elle m'avait appris à conduire un tracteur, je ne serais pas là à signer cet édito, certainement trop occupé à écrire le texte d'introduction pour *Mariez-vous en tracteur magazine*.

Quand j'ai commencé, je ne me suis pas posé vraiment de questions, j'ai fait simplement ce pour quoi j'étais persuadé d'être fait. Quand on est porté par un idéal, les contraintes les plus folles peuvent passer inaperçues. C'est ce qui anime une passion et la rend admirable. On avance malgré les embûches, sans prendre garde aux critiques, et lorsqu'on se retourne pour observer le travail accompli, on réalise seulement à cet instant combien on a eu de la chance qu'on ne nous ait pas barré la route sous prétexte que l'on n'avait pas les pieds sur terre.

Il en est de même pour toutes les révolutions, qu'elles soient politiques, morales ou sociales, comme lorsque les femmes ont obtenu le droit de vote ou encore lorsqu'elles ont commencé à porter des pantalons. On reconnaît l'effervescence d'une révolution au bruit qu'elle fait et aux remous qu'elles provoquent.

Je me suis toujours fait l'écho de la rue. Je suis heureux d'avoir participé à ma manière à certaines émancipations, en étant « l'enfant terrible de la mode » comme ils disent... Quand j'ai créé ma collection « Une garde-robe pour deux » et les jupes pour hommes, on m'a regardé de haut en bas, de travers et sous toutes les coutures. Mais, quand je croise en me promenant un garçon qui porte une de ces jupes, je souris et me dis : «J'y suis arrivé ! »

Alors aujourd'hui, je suis fier et heureux qu'Océanerosemarie m'ait demandé de signer cet édito. J'ai à nouveau l'impression de participer à quelque chose qui restera dans l'histoire. Tout comme vous qui lisez ces lignes, en ayant contribué à la réussite de ce livre. Ses auteurs ont été portés par l'envie de vous choyer, de vous faire rire et de participer à votre bonheur. Nous y sommes aujourd'hui, c'est un grand jour et c'est VOTRE grand jour ! Bravo, bonne lecture et... mariez-vous en marinière !

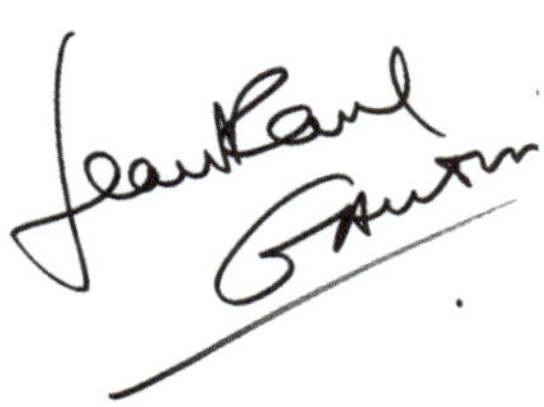

Avant-propos

Après plus de 3 ans en tournée pour mon spectacle *La lesbienne invisible* et suite à l'avénement du « mariage pour tous » en 2013, nous avons eu envie avec mes complices David Courtin, Valérie Archeno et Sophie-Marie Larrouy de rédiger ce *Guide du mariage homo* pour aider les gays et lesbiennes à préparer leur mariage idéal !

En regardant les guides de mariage « classiques », nous nous sommes dit qu'il manquait quelque chose de fun, de moderne, et plein de bonnes adresses pour les homos et pour les hétéros gay friendly qui ne savent pas quoi offrir à leur cousin gay ou à leur tante lesbienne qui commence à parler mariage avec son ami(e). Les hétéros en profiteront d'ailleurs aussi pour trouver des idées originales pour leur mariage à eux !

L'humour et la dérision étant notre religion, nous avons fait le pari d'écrire un guide drôle, décalé, qui répertorie quelques clichés, et surtout les situations particulières aux mariages homos, et peut se lire et se relire rien que pour le plaisir. Mais nous n'avons jamais pour autant relâché notre vigilance : un guide est un guide, un outil pratique avant tout ! Comme un guide du routard à Brazzaville, comme un dictionnaire électronique français-italien, quand on rencontre l'amour de sa vie à Rome alors qu'on a fait allemand LV2 au lycée...

Bonnes adresses à profusion, petits tests en début de chapitre pour vous aider à identifier quel genre de futur(e)s marié(e)s vous êtes, règles d'or pour gérer les belles-mères (voire s'en débarrasser astucieusement si elles deviennent vraiment trop gênantes)...

Du faire-part pour la famille homophobe aux destinations « gay friendly » pour une lune de miel idyllique, en passant par des idées de robes et autres smokings... Ce livre concentre absolument tout ce qui nous est passé par la tête et pourrait vous être utile tout en vous amusant !

Océanerosemarie

ANNONCER SON MARIAGE

Dès l'instant où vous aurez pris la décision de faire votre demande en mariage et jusqu'à ce que tout le monde soit au courant, nous vous accompagnerons. Dans ce chapitre, nous allons détailler les manières de mettre tout le monde au parfum avec délicatesse et un zeste de citron et l'addition. Allez c'est parti !

Test

Pour nous aider à mieux comprendre qui vous êtes et vous conseiller d'autant plus judicieusement, voici un petit test qui vous permettra d'optimiser l'utilisation de ce guide en fonction de votre sensibilité... Bien sûr, ces tests sont un peu caricaturaux-rigolos, et vous ne vous reconnaîtrez pas à 100 % dans une des catégories. Si vous voulez comprendre qui vous êtes vraiment à l'intérieur de vous-même de votre vrai moi profond, on vous conseillera plutôt d'opter pour une psychanalyse sur 25 ans (à 3,5 % T.E.G). Cependant, ils vous permettront de vous classer dans une « famille », et une fois que vous aurez identifié l'icône qui vous ressemble le plus, vous pourrez le repérer dans chaque chapitre et aller directement à ce qui vous parle à la lecture du guide...

Quand vous avez fait votre coming out, vous vous sentiez :

a. Vous avez appris *Vogue* de Madonna en version japonaise par cœur pour vous focaliser sur quelque chose.

b. Comme Beyonce qui doit chanter à l'investiture d'Obama : cool, calme et confiant(e).

c. Comme un lundi matin, pourquoi ?

d. Enfin en harmonie avec votre nature et donc LA nature. D'ailleurs, vous avez attendu que Saturne soit en maison 5 face à Jupiter pour que la fluidité énergétique de vos chakras soit optimum.

e. Comme si vous vous étiez malencontreusement endormi(e) dans un sèche-linge en marche.

Pour votre entourage, l'annonce de votre mariage, c'est :

a. La meilleure nouvelle de l'année.

b. L'occasion de rencontrer enfin toute la belle-famille.

c. Ils le savaient et ils ont du travail. Tu as pris du pain comme je t'avais demandé ?

d. Ils sortent le mousseux ! Il est tiède ! C'est pas grave quand on est près du cœur ! Et puis, il est bio !

e. La pire nouvelle de l'année.

RÉSULTATS

Si vous avez plus de **a**,
vous êtes queer dans l'âme :

Si vous avez plus de **b**,
vous êtes un homo invisible :

Si vous avez plus de **c**,
vous êtes un urbain branché :

Si vous avez plus de **d**,
vous êtes un provincial biobio :

Si vous avez plus de **e,**
votre famile est homophobe :

Faire sa demande en mariage

On peut se dire qu'il y a autant de demandes en mariage que d'individus, mais une fois le moment venu, il faut avouer que quelques grandes « familles de demandes » se dégagent.

Mille et une demandes

la classique

Quand soudain votre aimé(e) mit un genou à terre, après avoir checké l'heure du coucher de soleil à Dinant où vous vous trouviez « oh-comme-par-hasard-pour-le-week-end », dit votre prénom et vos seconds prénoms par la même occasion pour donner une valeur encore plus symbolique à la demande. Il sortit de sa poche un écrin avec une délicatesse que vous ne lui aviez jamais connue. C'était si beau, si beau, si beau ! Ensuite, vous avez pleuré, d'abord vous, puis ensemble, et puis ensuite vous avez eu faim.

Merci-bisou-bravo.

l'originale

Quand soudain vous étiez en trek en haut du Corcovado, vous vous maudissiez à cause des ampoules et des « pfft » (il/elle n'a jamais su faire des efforts physiques sans en faire une CAISSE). Vous avez hésité avant d'arriver en haut. Vous vous êtes dit « Ça suffit, on est assez haut là non ? » Mais brave, vous avez escaladé encore un peu, et là c'était si beau, si beau, si beau, que vous l'avez pris(e) par la main, les deux bien face à l'immensité, et l'air de rien vous lui avez glissé un anneau autour du doigt approprié. Hiiiiiiiiii ! On adore cette histoire !

Pop Corn !

la ratée

Lundi matin trop tôt, tout le monde est de mauvaise humeur, vous attendez la demande depuis trop longtemps, vous boudinez dans un coin du lit, « C'est quand tu veux hein surtout prends le temps, j'ai 67 ans dans un an, mais cette situation ne me pose AU-CUN-PRO-BLE-ME vraiment ! » Quand soudain : « Regarde sous ton oreiller râleur(se). » Là vous cherchez, vous trouvez une bague en toc, vous re-boudinez, il/elle rigole vraiment, il/ elle sait vous énerver, saute sur le lit et dégaine un écrin pas piqué des hannetons, le tout en pyj.

BRAVO EH !
Mauvais caractère, va !

wtf

Quand soudain tout le monde est saoul, sauf que le caillou est vrai.

À chacun son annonce

Bon, allez, en piste les amours… C'est aujourd'hui que vous expliquez à vos parents/beaux parents/amis/collègues que vous passez du côté des adultes. Face à l'annonce de votre mariage, votre entourage peut avoir plusieurs réactions : pleurs puis joie, joie puis pleurs, pleurs puis jet de projectiles, jets de projectile et évanouissement, mais qu'importe, car vous êtes plus fort(es) que tout le monde et vous vous aimez.

L'annonce à la famille

vous êtes queer devant l'éternel...

Tout petit déjà, vous piquiez les talons, le fard à paupières, la robe de soirée et le Chanel n° 5 de votre mère si vous êtes un homme. Si vous êtes une femme, vous vous souvenez avoir mis de la pâte à modeler ou une chaussette de sport dans votre slip dès l'âge de 7 ans, sans parler de la mousse à raser de Papa dont vous vous barbouilliez le visage avant de vous faire une fausse moustache en cheveux pour impressionner votre meilleure amie en colo. Dans un cas comme dans l'autre, votre mère a fini par vous griller, et vous en parlez encore à votre psychanalyste.

Tout ça pour dire que, réticente ou bienveillante, votre famille est déjà largement préparée à cette annonce, vous pouvez y aller. Évidemment, si depuis 25 ans votre mère fait comme si vous étiez célibataire et continue à vous organiser des blind dates avec des représentant(e)s du sexe opposé, attendez qu'elle ait bu quelques verres de ce délicieux Chassagne Montrachet que vous avez apporté (en espérant que votre mère boive un minimum vite et votre père, pas trop, sinon ça peut être chaud pour le timing !).

votre famille est homophobe...

Nous vous conseillons, si votre famille a des tendances extrême droite non refoulées ou a des valeurs catholiques excessives (à base de baptême, 1e communion, confirmation, option séminaire après le bac... On vous laisse adapter en version « passion mur des lamentations » ou « burkattitude » pour les deux autres grandes religions à potentiel « être-gay-c'est-mal »), d'être à la hauteur de ses angoisses. C'est-à-dire que, la méthode douce, c'est pas gagné. Si vous ne voulez pas qu'elle vous rejette définitivement et jusque dans la vie après la mort, mieux vaut arriver bien armé(e). Par exemple, faire du chantage affectif (parce que c'est vous qui avez « toujours rapporté les meilleurs bulletins scolaires et construit les plus beaux cadeaux de fête des mères de toute la fratrie, j'te rappelle !! » ou encore « et à ton avis qui est-ce qui viendra te changer tes couches et te faire manger tes compotes quand tu seras Alzheimer, que Maman sera morte et que tu ne m'auras pas adressé la parole depuis 20 ans ?! »), du chantage financier si vous avez les moyens (« fini le solarium d'été à Évian, si vous venez pas à mon mariage ! » ou « si tu le prends sur ce ton, je dis à Mamie que tu es en train de trafiquer son héritage en la mettant sous tutelle ! »). Bref, tapez là où ça fait mal, pas de pitié pour les coincés !

you're an urbain banché (bitch)

Organisez un déjeuner de 12 h 35 à 13 h 22 à la brasserie du coin formule express entrée/plat/dessert, et faites péter le champagne à l'apéro pour annoncer la nouvelle. Pour être sûr(e) de marquer le coup, demandez à tout le monde de mettre Blackberry® et iPhone® en mode avion, sinon votre oncle architecte surbooké ou votre cousin broker surstressé risquent de vous dire « oui, oui, super ! » tout en dealant un gros chantier avec Dubaï. Bref, ils n'auront pas entendu la nouvelle.

vous êtes un homo/ une lesbienne invisible

Faites-le à l'ancienne, grosse bouffe tradi avec toute la famille chez Mamie, et annonce au moment du dessert en vous levant de table avec votre ami(e) main dans la main en commençant votre phrase par : « Nous avons une grande nouvelle à vous annoncer... Non, nous ne sommes pas enceint(e)s (*rires*), mais nous allons nous passer la bague au doigt ! »

vous êtes Biobio Ecocert

Organisez avec votre famille et tous vos amis d'enfance un week-end de marche + camping dans le Vercors. Choisissez un parcours « facile » pour que les grands-parents puissent suivre avec leur bâton de marche Décathlon®. Une fois installés à la terrasse d'un gîte rural avec vue sublime sur la vallée, que tout le monde a bu son vin ou chocolat chaud et que Gégé est revenu des toilettes sèches, faites un petit discours sur l'harmonie des éléments, la beauté de la nature et « l'envie d'aller plus loin dans votre épanouissement personnel ». Tout le monde sera ému aux larmes et vous en garderez un souvenir impérissable, photos à l'appui !

L'annonce aux ex

Étant donné qu'aucun d'entre vous n'était coincé dans un château depuis ses 13 ans comme dans un conte, il se peut que vous ayez quelques ex.

S'il vous plaît, si vous étiez vraiment coincé dans un château depuis vos 13 ans pouvez-vous nous contacter ? Nous avons un projet d'adaptation cinématographique à vous proposer. Merci !

Il s'avère qu'après étude, nous avons découvert que les gens réagissaient différemment selon leur culture, leur éducation, et que celles-ci étaient déterminées par : leur âge. Nous avons donc décidé de segmenter la manière dont vous allez certainement agir selon votre génération. Jetez un œil et voyez si vous vous reconnaissez.

si vous êtes né(e) dans les années 60

(Est-ce que vous pourriez nous envoyer un email pour nous raconter comment c'était ?)

Pardon, c'était une mauvaise plaisanterie.

Le savoir-vivre est en vous. Vous vous voyez à Noël, vous vous envoyez des cartes d'anniversaire. Tout devrait bien se passer.

Vous pouvez lui dire

« Nous sommes si heureux(ses) de te convier à notre mariage, veux-tu être mon témoin ? »

si vous êtes né(e) dans les années 70

Les ex, ça passe, mais il ne faut pas qu'ils soient trop heureux, sinon c'est énervant. Pensez à ça, trouvez une formulation mi bitch, mi caresse.

Comme les bonbons acidulés, oui !

Vous pouvez lui dire

« Puisque tu n'as pas voulu qu'on aille plus loin, j'ai le bonheur de t'annoncer que tu peux souffler : je vais me marier. Mais viens quand même, tu fais partie de ma vie, Saloperie. »

si vous êtes né(e)s dans les années 80

Sérieusement, vous êtes encore en contact avec votre ex ? Chapeau. Bon très bien, mais vous êtes sûr(e) que vous n'allez pas faire une crise de nerfs au moment où il/elle aura ce petit rire narquois insupportable le jour du mariage ?

Non ? Bon, ok très, très bien.

Vous pouvez lui dire

« C'est bizarre de t'envoyer un texto, car tu es toujours sous le nom "ne pas répondre" dans mon répertoire. Si tu n'as pas cinq rendez-vous ce jour-là, Domi et moi nous nous marions. Je ne sais pas pourquoi, mais ça me ferait plaisir que tu viennes. Et t'as intérêt à répondre ! Ok ?!

si vous êtes né(e) dans les années 90

Un texto et hop retour sur Facebook... vous êtes accro.

Si, si, avouez-le !

Vous pouvez lui dire

« jme mari samedi. Vi1 si tu pe. Mairie 14 h et fiesta après. <3 »

Biiip
Hey, c'est Michael, ça fait longtemps.. Juste un petit message pour t'annoncer que je me vais me marier!
MICHAEL
FOREVER

L’annonce au bureau

C’est TOUJOURS délicat de s’intégrer dans un bureau, que l’on soit gay, noir, unijambiste, cocaïnomane, breton, atteint d’arthrite ou blonde ; il y a toujours quelqu’un pour vous trouver quelque chose de travers. Ne vous en faites pas si vous ne claquez pas la bise à vos collègues tous les matins en faisant des chorégraphies. Ça n’est ni anormal, ni très grave. Nous allons vous aider, selon les critères de sensibilité que nous avons établis lors des précédents tests, à faciliter l’annonce de votre mariage auprès de Jean, Karim, Martine, le service paie et le comité d’entreprise (ils sont souvent sympas).

queer

C’est donc en sautillant comme un agneau dégingandé que vous vous pointez ce matin-là, la bonne nouvelle que vous attendez depuis huit mois sous le bras. Vous n’avez qu’à crier en arrivant dans l’open space et entamer une petite danse very diva, tout le monde sera content, soulagé, ému et, avec un peu de chance, ils sortiront le mousseux.

Il y a un problème si

Vous ne savez pas comment annoncer la bonne nouvelle à tout le monde sans que Valérie et Hugues vous entendent, car ce sont deux grosses tranches de cake et que vous ne les voulez pas au vin d’honneur.

La solution

Il n’y en a pas. Soit vous les invitez quand même, soit vous assumez de leur avouer à tous les deux que vous ne les supportez pas, surtout Valérie, car elle a de la moustache un peu frisée sur la lèvre supérieure.

homophobe

C'est un jour qui ne va pas être facile, mais vous êtes tellement tellement heureux(se) qu'il faut vous concentrer sur cet amour et ne surtout pas flancher comme un(e) collabo en cette journée si importante.

Il y a un problème si

À 15 h, vous n'avez toujours rien dit, parce qu'à chaque fois que vous avez tenté, vous avez imaginé un instant votre patron(ne) vous frapper avec un dossier.

La solution

Prévoir un jour où il fait beau pour que votre taux de vitamine D soit en accord avec votre confiance en vous, et arrêter de croire tout ce qu'on vous dit, car la vitamine D n'a rien à voir là-dedans. Lancez-vous ! Vous en avez vu d'autres !

urbain branché

C'est entre deux coups de fils que vous envoyez un email à tout le bureau avec le boss en copie, avec un gif animé trouvé sur *Brain Magazine* et une petite blague so 2014 que vous faites part de l'information, avec en objet : « La good news du jour ! »

Il y a un problème si

Vous avez couché avec un(e) collègue un soir de vernissage quelconque et que la garce peut vous faire chanter.

La solution

Ne donnez de grain à moudre à personne. Vous annoncez à votre « erreur d'un soir » en avant-première la nouvelle autour d'un café, et en rentrant vous envoyez ledit email. Sans mettre cette personne en copie.

invisible

Grâce au t-shirt « GAY OK » que vous portez souvent le vendredi, vos collègues savent que 1. Vous en êtes 2. S'ils sont homophobes, il leur faudra un plaidoyer plus fort que Maître Vergès s'ils veulent en découdre.

Il y a un problème si

Vous passez à partir de maintenant deux demi-journées par semaine à lire le *Guide* (ce que vous êtes en train de faire en ce moment) au lieu de turbiner.

La solution

Ne jamais l'apporter au travail.

bio

Comme vous êtes hyper coooooool et que du coup on vous considère comme le petit rayon de soleil de votre entourage professionnel, ce dernier prend de vos nouvelles quand vous avez la grippe, et il vous apporte des zlebia pour l'Aïd. Vous ouvrez les cœurs et les mentalités, l'annonce de votre mariage se fait autour d'un verre de jus d'orange (pressé par vos soins) à la pause de 10 h, tout le monde est content.

Il y a un problème si

Vous passez une heure par jour à écouter *Somewhere over the rainbow* et que les gens en profitent pour vous annoncer que, s'ils sont contents pour votre mariage, cette chanson ne sera plus tolérée longtemps.

La solution

Faire un compromis et acheter un casque d'écoute pour le bureau.

Les faire-part

Sachez-le : un faire-part, c'est comme un dentier, il faut qu'il vous corresponde totalement, sans quoi ça va claquer des gencives. C'est le premier signe de votre envol que vont recevoir votre famille et vos proches. Donc soyez clinquants, soyez beige et taupe, soyez drôles, soyez même un peu cyniques si ça vous fait plaisir, mais en tout cas soyez heureux de montrer votre union et envoyez vos petites colombes (non : n'envoyez pas de faire-part par colombe, vous allez griller un tiers de votre budget pour des oiseaux qui se feront peut-être bouffer par une chaîne alimentaire plus forte qu'eux) avec toute la personnalité qui vous caractérise, votre futur(e) et vous-même.

Test : quel faire-part est fait pour vous ?

Quel est votre tableau préféré ?

a. *The Kiss*, by Pierre et Gilles

Vous aimez le flash, le kitsch, ce qui brille, les abdos imberbes, les fleurs dans les cheveux et la peau qui luit... Vous êtes définitivement adeptes d'une esthétique queer, lâchez-vous sur les couleurs saturées !

b. *1er février 2009*, de Pierre Soulages

Les grands tableaux tout noirs avec couche épaisse de matière représentent votre lien à votre famille et à votre entourage à tendance homophobe : des relations sombres, abyssales, où la dissimulation sous un vernis bien propre s'impose... Détournez cette ambiance délétère pour adopter l'humour noir, et faites un faire-part qui ressemble à celui de l'enterrement de votre grand-tante Marie-Thérèse !

c. *Déjeuner sur l'herbe*, d'Edouard Manet

Pour vous, rassembler votre famille et vos amis, c'est organiser un grand pique-nique avec de la bonne bouffe et une dose de pinard suffisante pour ronfler à l'ombre du grand chêne. Votre homosexualité n'est pas un sujet en soi, contrairement à la robe ou au costume que vous irez choisir avec belle-maman. Véritable homo invisible, vous êtes prêt(e)s à organiser une fête... qui n'aura rien de différent d'un mariage hétéro !

d. L'aquarelle (bio) représentant un coucher de soleil (bio) sur les alpages (bio) de votre cousin Soleil (oui, c'est un pseudo, avant de s'installer en Lozère pour élever des chèvres, il s'appelait Jean-Marie). Vous, ce qui vous intéresse, c'est l'émotion que suscite la nature, l'harmonie des éléments, les couleurs douces et tout ce qui est bio. Votre papier recyclé vous attend pour le plus bio des faire-part !

e. *Untitled (n° 2) 1962*, de Mark Rothko

Le concept, le concept et encore le concept. Vous aimez ce qui est minimal, « carré blanc sur fond blanc », vous adorez aussi ce qui est épuré, moderne et avant-gardiste. Vous détestez la surcharge d'informations et vous trouvez le concept de faire-part « tellement années 2000 » ! Le vôtre contiendra le minimum d'informations : jour, heure, des chiffres à rentrer pour la localisation GPS et ciao !

RÉSULTATS

Si vous avez répondu **a**,
vous êtes queer dans l'âme :

Si vous avez répondu **b**,
vous êtes un homo invisible :

Si vous avez répondu **c**,
vous êtes un urbain branché :

Si vous avez répondu **d**,
vous êtes un provincial biobio :

Si vous avez répondu **e**,
vous avez une famille
homophobe :

Des faire-part à faire vous-même

Vous avez plusieurs manières d'appréhender les choses : soit vous faites tout et vous jetez un œil à nos bonnes adresses d'imprimerie en ligne, soit vous avez envie de piocher des idées, auquel cas nous vous invitons à regarder les propositions que notre graphiste a faites. Ou ou ou, vous n'avez aucune idée de ce que vous voulez, drôle ? romantique ? sarcastique ? ou fragile et désinvolte ? Ne vous en faites pas, laissez-vous guider par ce test et n'oubliez pas, nous sommes TOUJOURS là pour vous aider, les amours !

queer

On note la recherche de modernité sur une invitation haute en couleur et en émotions pures.

Astuce malin : si vous connaissez quelqu'un qui connaît quelqu'un qui connaît quelqu'un qui a participé à une télé-réalité, n'hésitez pas à l'inviter, pour l'aspect « VIP ». N'oubliez pas de mentionner sur l'enveloppe que la lecture de ce « flyer » est déconseillée aux épileptiques.

COUP DE COEUR

Nous vous proposons deux adresse de sites de fair-e-part cools.
http://www.monfairepart.com
http://www.faire-part-malin.com

NELSON
DAMIEN
S'épousent
SAMEDI 23 NOVEMBRE
POOL PARTY
CALLING YOU
SPECIAL GUEST : DJ MIMI
20H00 > 08H00
LA TCHOUKA LILLE
80BIS RUE BARTHELEMY DELESPAUL

urbain branché

On adore le côté « écrit à la main » vite fait, alors que vous avez dû vous y reprendre à sept fois avec votre tablette graphique à mille deux cent euros car votre chat, qui s'appelle Sasha Grey, a décidé, il y a deux semaines, de se faire les griffons sur la prise d'alimentation. Bien joué ! Belle équipe !

On se voit le 5 septembre. D'ici là arrêtez de faire les soldes presse, il faut des économies pour se marier.

homophobe

Manifestement, il n'est plus l'heure de ménager les susceptibilités. Votre faire-part (très réussi au demeurant), étant quand même un peu effrayant, mentionnez quelque part (sur un post-it® que vous aurez pris le temps d'écrire à la main car les petites attentions supplémentaires font toujours plaisir aux invités) qu'il s'agit bien d'un mariage. Les gens peuvent parfois être étourdis et tomber dans les pommes – ou mourir – quand ils sont sous le coup du stress.

Sylvain Lejude & Jérémy Dujardin

Ont la douleur de vous faire part de leur mariage

Le samedi 27 juillet 2013

Leur hétérosexualité a tiré sa révérence
en juin 2007 et trouvé ainsi le repos éternel.
Elle nous laisse là, tout étourdis, ne sachant que dire.

Toute la famille s'associe à votre peine
en ce jour de deuil.

La cérémonie aura lieu à 11h00
à la mairie d'Orange
Place Georges Clémenceau
Sans fleurs, ni couronnes

Afin de célébrer tristement les noces,
Rendez-vous dès 12h30 à l'Espace Alphonse Daudet
Avenue Antoine Pinay
84100 Orange

bio bio

C'est très beau, tout ce vert, si on plisse des yeux en fronçant le sourcil gauche on se croirait (presque) dans la forêt amazonienne, bravo ! Ce qui est bien, c'est que vos préoccupations quant à l'avenir de la planète sont bien présentes. On a donc pas de doute sur le fait que le lieu du mariage sera rupestre, beau comme seule la nature sait l'être, et qu'il faut prévoir une tente parce qu'il n'y aura sûrement pas un hôtel à moins de 300 bornes du lieu de mariage. On sent que la magie n'est pas très loin, et on a envie de se faire de grandes tresses et de se fabriquer artisanalement une robe blanche en lin rien qu'en regardant le faire-part !

invisible

Vous planifiez petit à petit votre mariage depuis vos cinq ans.

D'où le petit à petit...

L'onglet « faire part » de vos favoris de navigation était sur les starting block depuis six mois déjà. C'est une affaire qui roule ! Il y a beaucoup de crème et de framboises dans votre annonce, mais comme auraient dit ces deux grands philosophes d'Arnold et Willy, « faut de tout pour faire un monde, oui c'est vrai ». Et la meringue en fait partie. Joyeux mariage !

Nous vous serions gré néanmoins de ne pas faire votre danse d'entrée sur « tout le bonheur du monde » de Tryo. Merci !

Laure Millioud
Nora Zakine

Ont la joie de vous convier à une journée pleine de gaieté et de tendresse qui célèbrera l'échange de leur promesse

Le 15 septembre 2013
rassemblera tous ceux qu'elles aiment
à 14h00 à la mairie de Béziers
Le vin d'honneur aura lieu au
Domaine de la Galinière

Merci de nous confirmer votre présence

Vous vous demandez en quoi ce faire part est homo ? Vous avez raison il ne l'est pas !

l'original

Si vous voulez casser les codes du faire-part et apporter une note humoristique suivez le guide de notre coup de cœur.

Le site www.monfairepart.com, est un spécialiste du genre. Ses services sont complets et vous auriez tout intérêt à vous y intéresser et non uniquement pour la question du faire-part. Il propose une gamme de plusieurs milliers de références différentes de faire-part de mariage, de naissance, de cartons d'invitation et/ou de remerciements, de menus et marque-places. Vous pouvez y trouver des produits personnalisables avec vos propres photos et textes.

MonFairePart.com
30 avenue de Lautagne
26000 Valence
09 52 52 72 11
contact@monfairepart.com »
http://www.monfairepart.com

© monfairepart.com
<http://www.monfairepart.com/> , 2013

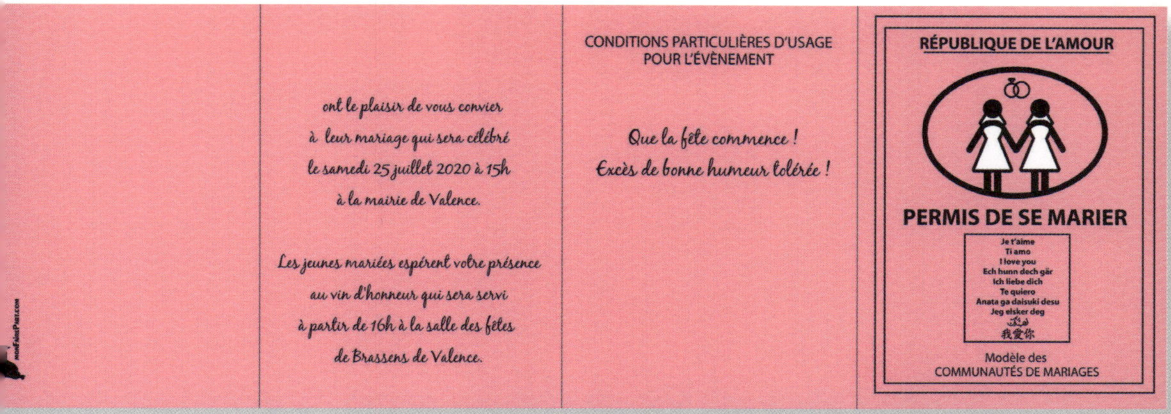

ont le plaisir de vous convier
à leur mariage qui sera célébré
le samedi 25 juillet 2020 à 15h
à la mairie de Valence.

Les jeunes mariées espèrent votre présence
au vin d'honneur qui sera servi
à partir de 16h à la salle des fêtes
de Brassens de Valence.

CONDITIONS PARTICULIÈRES D'USAGE
POUR L'ÉVÈNEMENT

Que la fête commence !
Excès de bonne humeur tolérée !

RÉPUBLIQUE DE L'AMOUR

PERMIS DE SE MARIER

Je t'aime
Ti amo
I love you
Ech hunn dech gär
Ich liebe dich
Te quiero
Anata ga daisuki desu
Jeg elsker deg
我愛你

Modèle des
COMMUNAUTÉS DE MARIAGES

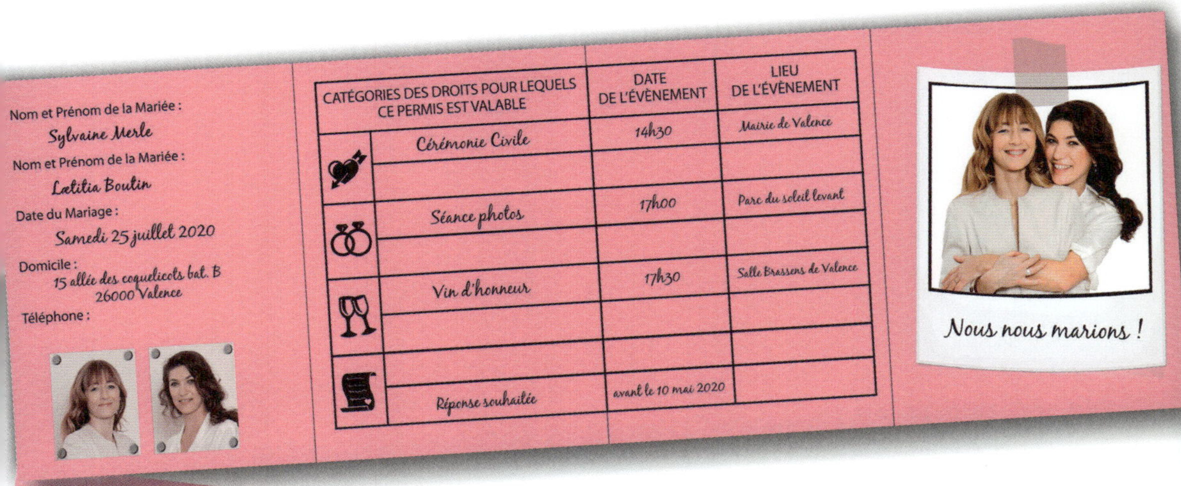

Nom et Prénom de la Mariée :
Sylvaine Merle
Nom et Prénom de la Mariée :
Lætitia Boulin
Date du Mariage :
Samedi 25 juillet 2020
Domicile :
15 allée des coquelicots bat. B
26000 Valence
Téléphone :

CATÉGORIES DES DROITS POUR LEQUELS CE PERMIS EST VALABLE	DATE DE L'ÉVÈNEMENT	LIEU DE L'ÉVÈNEMENT
Cérémonie Civile	14h30	Mairie de Valence
Séance photos	17h00	Parc du soleil levant
Vin d'honneur	17h30	Salle Brassens de Valence
Réponse souhaitée	avant le 10 mai 2020	

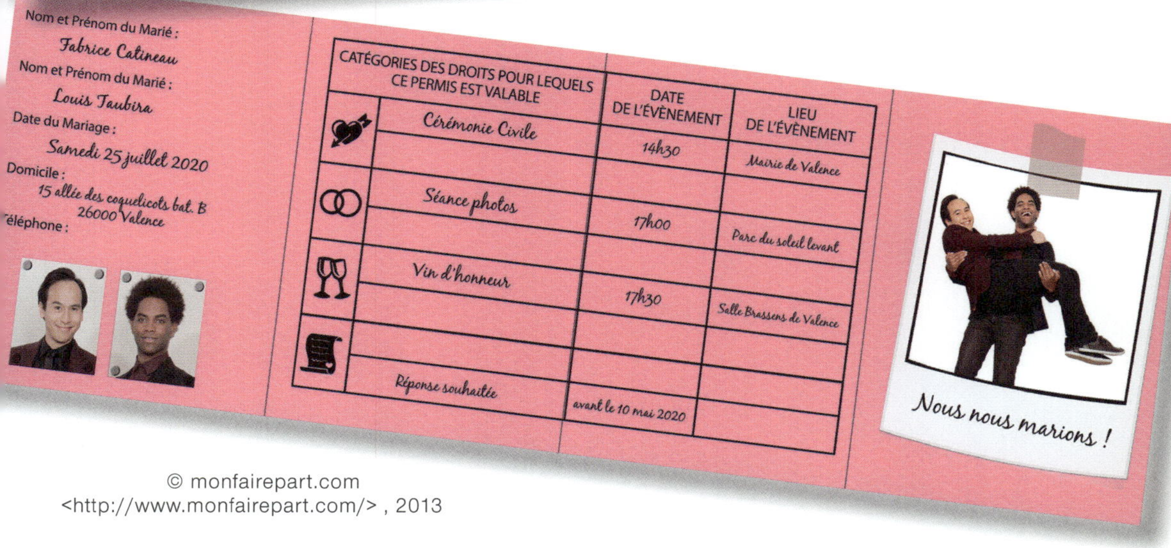

Nom et Prénom du Marié :
Fabrice Catineau
Nom et Prénom du Marié :
Louis Taubira
Date du Mariage :
Samedi 25 juillet 2020
Domicile :
15 allée des coquelicots bat. B
26000 Valence
Téléphone :

CATÉGORIES DES DROITS POUR LEQUELS CE PERMIS EST VALABLE	DATE DE L'ÉVÈNEMENT	LIEU DE L'ÉVÈNEMENT
Cérémonie Civile	14h30	Mairie de Valence
Séance photos	17h00	Parc du soleil levant
Vin d'honneur	17h30	Salle Brassens de Valence
Réponse souhaitée	avant le 10 mai 2020	

© monfairepart.com
<http://www.monfairepart.com/> , 2013

Patchwork de choix

26
Bloquez cette date
10
VALERIE ET AUDREY
13
on se marie

09
11
13
LAURIE
+
MARIA

Gestion belle-mère

Belle-maman vous met mal à l'aise comme un détartrage chez le dentiste ? C'est bien normal ! Elle n'est pas votre maman à vous. Vous lui prenez la chair de sa chair. Même le plus cool des ex réagirait avec un peu de mousse aux coins des babines non ? La seule question que vous devez vous demander est la suivante : si le jour où vous lui annoncez votre mariage, vous n'êtes pas aussi stressés que lors de votre coming out, passez directement au chapitre suivant. Sinon, lisez ce qui suit.

Pour adoucir les mœurs, vous pouvez vous mettre belle-mamou dans la poche en lui cuisinant quelque chose qui va lui couper la chique :

si vous l'aimez bien

Une spécialité rassurante et complice. Elle aime le terroir et son mari était chasseur ? Faites-lui par exemple un pot au biche (pot au feu à la biche) !

Adieu la biche, je t'aimais bien

si vous ne l'aimez pas tellement…

… et qu'elle s'appelle Julienne : cuisinez-lui une julienne de légumes en carpaccio, pour qu'elle entende BIEN que vous la mangez TOUTE CRUE.

si vous ne l'aimez vraiment pas

Apéro dinatoire revisité, space cake aux olives, moGHBjito, sucettes de foie gras timbrées au MDMA, on filme le tout et on la fait chanter.

Civet de dinde a l'ancienne

(car nous sommes contre la chasse mais pour les blagues sur les dindes et les belle-meres.)

Pour 4 personnes

Ingrédients :
1 kg de dinde
2 oignons
1 gousse d'ail
1 navet ou 1 panais
2 carottes
1 branche de céleri
500 g de tomates
1 bouquet de persil plat
1 bouquet garni
1 petit verre de vin de myrte
1 bouteille de vin rouge (Pommard ou Nuits Saint Georges)
1 cuillère à soupe d'huile végétale
1 petit morceau de beurre
1 carré de chocolat noir
25 g de farine
Sel & poivre du moulin

Découpez les morceaux de dinde en dès d'environ 3 cm x 3 cm et les placer dans un saladier.

Rincez les légumes à l'eau claire. Épluchez les carottes et le navet et découpez-les en rondelles grossières. Coupez en morceaux le céleri, les oignons, et la gousse d'ail. Ajoutez le tout dans le saladier avec la viande. Versez l'intégralité de la bouteille de vin afin de couvrir entièrement la viande et les légumes. Ajoutez le bouquet garni ainsi que le vin de myrte et mélangez délicatement. Couvrez et **laissez reposer la marinade pendant 12 heures au minimum**, en mélangeant de temps en temps, toujours très délicatement, afin de ne pas exploser la dinde.

Retirez les légumes et les morceaux de viande du saladier et égouttez-les sur du papier absorbant. Attention, conservez la marinade, elle est indispensable pour la suite ! **Épluchez les tomates** (à l'aide d'un épluche-tomate) et coupez les vulgairement en morceaux. Réservez-les dans un bol à proximité pour ne pas oublier de les ajouter pendant la cuisson.

Dans une grande cocotte en fonte, **faites revenir à feu vif la dinde** dans un mélange d'huile végétale et de beurre. Faites dorer 3 minutes, puis ajoutez les légumes. Continuez la cuisson pendant 3 minutes, tout en remuant régulièrement à l'aide d'une spatule en bois. Saupoudrez de farine tout en continuant de mélanger. Dès que la texture vous semble homogène et que la farine change de couleur, versez l'intégralité de la marinade. Ajoutez les tomates concassées et portez le tout à ébullition. Dès que les bulles apparaissent, baissez le feu et **laissez cuire tout doucement pendant 2 heures.** En fin de cuisson, ajoutez le carré de chocolat noir, salez et poivrez.

Si la sauce vous semble trop liquide, vous avez le droit de tricher **en ajoutant ½ cuillère à café de fécule de pomme de terre**. Mélangez délicatement afin d'obtenir un mélange onctueux. Ciselez quelques feuilles de persil plat avant de servir. Vous pouvez accompagner ce civet avec un riz blanc parfumé ou des pâtes fraîches.

Bon appétit Belle-Maman !

Carpaccio de legumes en julienne

Pour 4 personnes

Ingrédients :

1 poivron vert
Feuille(s) de basilic frais
4 c. à s. d'huile d'olive

4 tomate(s)
Tofu aux herbes

2 c. à s. de pignons de pin
50 g d'olives noires dénoyautées
2 échalote(s)
Sel, Poivre

Ketchup ou coulis de tomate pour le sang

Laver les tomates, le poivron, les feuilles de basilic. Ouvrir le poivron, l'épépiner, ôter le pédoncule et découper en lamelles. **Le faire griller ou revenir dans un peu d'huile**.

Pendant ce temps, **découper les tomates et le tofu** aux herbes en tranches fines. Les installer dans un joli plat long, en alternant les couleurs.

Décorer autour avec le poivron cuit.

Parsemer de pignons, d'olives, d'échalotes émincées, de sel et de poivre et arroser avec l'huile d'olive.

Réserver au réfrigérateur et servir frais, en entrée ou en buffet. Ajoutez quelques oignons dans le plat de belle-maman pour lui faire les pieds.

Bon plan

Comme vous allez claquer des heures de forfait pour prévenir l'univers entier, n'oubliez pas que souvent, les appels sont gratuits depuis votre fixe vers les fixes et de plus en plus souvent vers les mobiles, qu'il existe des applications qui vous permettent d'appeler/d'envoyer des textos gratuitement (Viber, Whatsapp), et que Dieu a inventé Skype sur votre ordinateur... ET sur votre téléphone.

AVANT-MARIAGE

**Déjà, bravo et félicitations, mazeltov
et mabrouk alikoum, parce que
se faire épouser, c'est un très bel
engagement,
quoi qu'en disent Hugh Heffner
et Pamela Anderson.
Maintenant qu'on a lancé
les youyous, il faut se concentrer
et garder son sang-froid,
car l'organisation d'un mariage
pourrait être comparée
à la rédaction d'une thèse.
C'est long, ardu,
mais qu'est-ce qu'on sera fiers
de passer l'oral ! FEU !**

Test : Quel homo êtes-vous ?

Votre mariage de rêve, ce serait plutôt...

a. Un happening dans une galerie d'art contemporain ultra branchée de Soho, votre robe/costume taillé sur mesure par Iris van Herpen, avec juste une petite centaine d'amis/famille triés sur le volet et quelques guests très simples tels que Woody Allen, Michel Houellebecq, Hugo Chavez, Boris Cyrulnik et Milo Manara. Pour le buffet, vous verriez bien de la cuisine moléculaire, tellement fun !

b. Une soirée entièrement alimentée en énergie renouvelable, dans le champ de vos amis Marley et Soleil (oui, ce sont leur nom de baptême néo-bouddhiste) avec une grande éolienne au milieu (oui, ça fait beaucoup de bruit, mais c'est si beau), avec un grand buffet composé uniquement de produits bio et locaux et un groupe de musique tzigane traditionnel un peu comme dans un film de Kusturica pour faire danser tout le monde à base d'accordéon (oui, c'est répétitif, mais tellement joyeux et plein de chaleur humaine !).

c. Comme dans un film américain avec Julia Roberts, mais version mas de Provence avec un grand jardin au gazon vert vif parfaitement tondu qui sent bon le propre, une tonnelle à l'ancienne et un envol de mille colombes immaculées pendant le toast au champagne, sans oublier les grandes tentures blanches dans le patio. Ce n'est pas parce que vous êtes homo que vous allez vous priver du parfait mariage « à l'hétéro » dont vous avez toujours rêvé !

d. Un remake de *Festen* dans votre manoir familial en Normandie, mais version *happy end* avec votre famille homophobe (dont le sourire actuel tient grâce à un habile système de pinces à linge derrière les oreilles), qui soudainement vous comprendra et vous tombera dans les bras. Votre grand-père vous dé-desheritera (vous ré-héritera si vous préférez) parce que ça y est, il vous comprend. Bref, un peu comme si tout le monde avait pris du LSD (enfin).

e. Un épisode de *Glee* où tous vos invités lanceraient un flashmob en tenue de cheerleader devant la mairie de Mikonos avec Boy George ou Lady Gaga comme témoins, et une fête qui durerait 72 h sans dormir, à base de caïpirinhas, de concours de sosies, de strip tease, de pole dance et de backrooms pour vos ami(e)s, une fête, une vraie quoi !

Votre samedi soir idéal c'est plutôt...

a. Dîner dans un super restau branché du centre-ville avec vos copains (où la musique est tellement forte que quand tu dis « ça va ?? » à un pote, il te répond « heiiiin ?? j'ai pas entendu ! »). Descendre quelques bouteilles de vin après 2 mojitos en apéro avant d'aller danser toute la nuit à LA soirée de l'année (l'ex de votre copine attachée de presse vous a mis sur la guestlist, enfin si elle n'a pas oublié). Vous riez jaune au réveil en regardant les photos Facebook d'hier soir sur lesquelles vous êtes tagué(e) par votre meilleur pote. Vous brillez vraiment beaucoup, et c'est qui cette fille/garçon qui joue à chat-bite sur la photo avec vous ?

b. Aller à une réunion de l'asso « les sans-papiers n'ont peut-être pas de papiers, mais ils ont quand même des droits ! », où vous suivez une famille de Roms depuis deux ans pour que le fils de 5 ans puisse aller à l'école et que le Papa sorte de prison (ou l'inverse ?). Vous retrouvez ensuite votre bande de potes avec qui vous avez monté le panier AMAP du quartier. Ça fait quatre mois que vous mangez des choux et des navets, mais vous trouvez ça super d'être en accord avec la nature. Vous buvez la récolte de Syrah-Pinot Noir-Cabernet de Françoise et Murielle, en couple depuis 20 ans, qui ont quitté la capitale pour se consacrer au vin et aux chèvres. Vous rentrez vers minuit avec votre ami(e) et vos chiens Gandhi et Karlmarx, adoptés de justesse à la SPA.

c. Une soirée avec votre bande de copains de lycée ! Une fois par an, vous vous faites une bonne bouffe et vous racontez les dernières nouvelles. Parrain/marraine de la moitié des enfants de la bande, votre homosexualité n'a jamais posé de problème à personne. Le dîner a lieu dans votre restau italien préféré et comme d'habitude, votre amie Vanessa est venue avec son/sa collègue de bureau homo en espérant que vous deviendrez BFF, sauf que le/ladite collègue est au bout du rouleau ou complètement hystéro (ce qui revient au même), et vous vous demandez quand Vaness' va comprendre qu'il ne suffit pas d'être du même côté de la rivière pour devenir amis, mais vous trouvez ça quand même mignon de sa part.

d. Militant(e)s à l'UMP de père/mère en fil(le)s, vous n'avez pas dérogé à la règle. Le samedi soir idéal pour vous, c'est une virée à Deauville dans la maison de famille avec vos amis, avec dégustation de fruits de mer au Spinnaker. Vous adorez l'ambiance cool/décontract' (polo Lacoste®, chaussures bateaux®, pulls St James®, bermuda même en hiver puisque « nul ne craint le froid en son pays »). Pour vous ce qui compte, c'est la famille et les valeurs chrétiennes, et même si vous n'avez pas milité pour le mariage gay, vous êtes quand même content(e) de pouvoir épouser votre ami(e) avec qui vous êtes en couple depuis 7 ans. Dans la famille, on voit votre homosexualité d'un drôle d'œil, mais la solution que vous avez trouvé, c'est de ne jamais en parler et de faire comme si tout était normal. Après le diner à180 balles par tête, vous ne résistez pas à une petite descente au casino avec votre jeune cousin Louis-Paul qui vient de fêter ses 21 ans.

e. On dit que l'habit ne fait pas le moine, et pourtant quand on y regarde de plus près, un moine, ça chope très peu. Donc pour vous, le style est un sacerdoce ; à tel point que vous avez répertorié toute votre garde-robe sur votre testament. Vous même organisez des soirées tous les mois dans le quartier gay et êtes logé dans le carré ou sur le char de la gay pride. Pour vous le samedi parfait c'est paillettes perruques et fausses fesses (confectionnées grâce à deux paniers achetés 2 euros pièce à Belleville) pour les garçons, et soirée 100 % filles-habillées-en-Shane avec Djettes only aux platines si vous êtes une amazone. Vous critiquez Lady Gaga, mais rêvez qu'elle vous retweete, voguing si vous êtes un homme ou soirée baby foot et compèt de descente de bières si vous êtes une femme !

RÉSULTATS

Vous avez plus de **a** :
vous êtes un **gay urbain branché** tatoué(e) nostalgique de la grande époque de Pulp, du coup quand vous voulez avoir la classe, vous faites la gueule, par réflexe. Quand on vous demande ce qui compte le plus pour vous, vous répondez **« mes cheveux et mon Blackberry® »**.

Vous avez plus de **b** :
gay provinciale écolo professeur(e) des écoles militant(e) Green Peace, abonné(e) à *Sciences et vie* (et c'est dit sans aucune ironie, on vous admire), vous êtes aussi occupé(e) qu'un ministre, la corruption et les affaires de mœurs en moins.

Vous avez plus de **c** :
homo invisible qui n'a jamais eu de problème de coming out ? C'est beau de voir que même votre grand-mère se renseigne sur l'avancée de l'adoption pour tous et ne fait pas semblant d'être sourde (comme c'est le cas si vous avez une majorité de D) quand vous lui parlez de Josefina, alors qu'elle est née en 1923 (la grand-mère, pas Josefina).

Vous avez plus de **d** :
Issu(e) d'une famille homophobe vous respectez et admirez les valeurs qu'on vous a inculquées, vous avez hérité d'une maison de maître en Basse-Normandie et personne n'est au courant que vous êtes gay, sauf la grand-mère Alzheimer, mais elle ne s'en souvient plus. Demandez aux C de vous montrer comment faire votre coming out avant de poursuivre la lecture de cet ouvrage, bisou.

Vous avez plus de **e** :
Queer dans l'âme vous adorez les soirées voguing pour les garçons et « drag king » pour les filles. Pour vous, si ***God is a DJ et que Madonna is a DJ alors Madonna is God.*** Ce que vous aimez, c'est votre groupe d'ami(e)s LGBT que vous retrouvez dès que possible, « parce que l'ambiance hétéro beauf du bureau ça va deux minutes hein »...

Les enterrements de vie de jeunes gay/lesbiennes

Faut-il passer sa dernière journée single déguisé(e) en abeille ou en bourses géantes saumon, à monnayer des préservatifs ou des baisers pour la plus grande jubilation de ses amis sur la Grand' Place ? Non, pas forcément. À moins que l'inconfort vous procure du plaisir (on appelle ça le masochisme. Certaines personnes en sont friandes et nous n'allons pas les juger). Si vous ne faites pas partie de cette catégorie, nous avons pensé pour vous quelques scénarios qui feront de votre ultime souvenir de célibataire un moment cool, drôle, fin, décalé, fou, adorable, bref, tout ce qu'on attend de la vie en général. À présent choisissez votre menu et passez commande auprès de votre témoin qui s'occupera du reste ! (Et n'oubliez pas de le remercier pour sa patience et son dévouement !)

La version coquinours

Le strip-tease, l'atelier de Pole dance ou la soirée sex-toy sont des incontournables de l'enterrement de vie de jeunes gens. C'est souvent hilarant, parfois un peu excitant, et si vous êtes assez à l'aise avec vos amis, on ne peut pas dire le contraire : glisser des billets de cinq euros dans le mini-string d'un strip-teaser, c'est quelque chose à faire au moins une fois dans sa vie !

Vous avez envie de fantasmer ? Vous faites bien, car on ne sait pas de quoi lundi prochain sera fait. L'important, c'est que ce moment hormonalement fort ne se transforme pas en cauchemar cheap façon *Confessions intimes*, alors assurez les détails ! Les strip-teasers doivent être au top et la mise en scène en accord avec ce qui vous fait rêver !

strip-tease

Pour un effeuillage réussi, faites de la place, au mieux trouvez un lieu insolite, mettez les watts et dégottez un pro, avec qui vous pourrez déterminer l'ambiance : cracheur de flammes, dompteuses de tigres, ex-enfant sauvage, mime défroqué ou homme sandwich qui tombe le pain pour le plus grand plaisir de l'assemblée !

Si vous voulez vraiment créer l'hystérie, débrouillez-vous pour investir un endroit interlope pour un strip-tease ; on a évidemment en tête l'image du vestiaire de foot transformé en un peep show éphémère, avec en tête d'affiche la capitaine de l'équipe de foot qui se déshabille pour le ou la futur(e) marié(e).

Note pour le témoin

Pensez à briefer les invité(e)s pour qu'un(e) éventuel(le) défenseur(se) des droits de l'homme ne ruine pas la fête en expliquant à l'effeuillé(e) que vendre son corps constitue une régression sociale.

Quelques adresses de photographes

Autour de Paris

Virginie Khateeb

23, rue la Condamine
75017 Paris
06 50 50 54 37
contact@virginiekhateeb.com
www.virginiekhateeb.com

Ludo Martin

6 rue Marcel Bourdarias
94140 Alfortville
06 19 60 37 81
http://www.ludomartin.com

Geoffroy Lasne

06 20 62 20 56
contact@geoffroylasne.com
http://www.geoffroylasne.com/

Est

Chloé Vollmer-Lo

contact@chloevollmerlo.net
http://chloevollmerlo.net/

Ouest

Davy Jourget

La Rochelle
davyjourget@gmail.com
www.dj-photogrpahie.com

réunion sex-toys

Une réunion sex-toy, c'est comme n'importe quel autre rendez-vous avec un commerçant à domicile, sauf que pour le coup on vient vous vendre des objets sexy. Ça peut être rigolo si vous-même ou vos potes ne savez pas lire le *Kama Sutra* et que vous ne vous doutez pas que ce genre d'objets puisse exister : mais-enfin-comment-ça-se-met-je-ne-comprends-pas. Comment ça s'organise : vous allez dans le sex-shop (attention pas SUSHI SHOP, ça n'est pas PAREIL) le plus proche de chez vous et vous demandez le numéro d'une vendeuse itinérante. Ça ne veut pas dire qu'elle vit dans une caravane au bord de la Nationale, c'est simplement le nom qu'on donne aux agents commerciaux des marques de vente à domicile. Elle s'occupera d'organiser le reste et apportera dans son escarcelle nombre de petits objets et autres lingeries pour mettre du sel dans vos futurs mardis soirs.

bar à thème

Par « bar à thème », entendez « bar à strip-tease », dans lequel vous entrez avec une petite crainte et duquel vous ressortez avec des paillettes sur les joues, paillettes qui se trouvaient initialement sur les fesses d'un ou d'une *stripper*. Il est intéressant de fréquenter un tel endroit au moins une fois (oui, parce que si vous y allez tous les vendredis, c'est un peu inquiétant) et de se munir de petites coupures, c'est important, car les *strippers* n'acceptent pas la monnaie et ils n'en peuvent plus de la fameuse blague « eh, est-ce que je peux mettre ma pièce dans ta tirelire »...

cours de Pole dance

On dit qu'un bon Pole dance, c'est aussi beau qu'une ville la nuit. Alors pour pouvoir s'exécuter sans ressembler à Madame Doubtfire, mieux vaut avoir quelques techniques de base ! Nous vous conseillons le cours de lap dance si : ni vous, ni aucun des membres de votre bande d'amis ne s'est fait opérer de l'appendicite récemment, si vous êtes un minimum souple et que vous n'avez pas le vertige. Pour le reste, suivez la musique !

Menu classique

Pas de déguisement, pas de quête et pas de vente de préservatifs » ainsi parlait la/le futur jeune marié(e) qui n'avait pas envie de s'atteler à de périlleuses activités sociales. Pas de problème, nous avons la solution, avec un enterrement de vie de jeune célibataire sobre comme une housse de couette Zara Home®, confortable comme un hamac Habitat®, *sûr comme une cocotte le Creusot®*. Vous avez envie d'une journée comme un cocon avant le coup de feu, d'un moment comme dans un film américain où on se raconte des secrets entre cop's, d'être le plus beau ou la plus belle. Mais enfin vous avez raison ! Foncez et commandez un menu classique avec supplément émotion ! You are the CEO, *bitch* !

blague en live

Si vous avez toujours rêvé de jouer à la marchande, vous pouvez faire semblant d'être vendeur chez Darty en conseillant un vrai client avec vos potes qui filment la scène (prenez le moins bon public pour la caméra, sans quoi l'image va trembler).

journée Mariah Carey :

Si vous bavez (oh allez, arrêtez de vous cacher) en voyant la perfection de Robert Pattinson ou de Scarlett Johansson sur des photos de Red Carpet, commandez une séance photo avec un pro qui vous fera les plus belles *profil pics* de l'univers (juste après votre photo de mariage, évidemment...).

bisous bisous cupcake

Vous savez, ces petits gâteaux si beaux qu'on voit dans les vitrines de pâtisseries branchées ? Si vous en rêvez comme on rêve d'un bon Mars® glacé après une dure journée ~~à la piscine~~ de labeur, vous pouvez commander pour votre enterrement de vie de jeune gay un atelier pour apprendre à les fabriquer ! C'est rigolo, c'est beau, ça sera si bon ! Renseignez-vous dans les magasins d'ustensiles de cuisine type Alice Delice afin de trouver un cours et buvez du thé vert la veille, car en terme d'apport calorique le cupcake si mignon est un traître.

Mais quand c'est bon, y' a pas de secret...

le spa, s'pas mal non plus

Rien ne vous empêche de vous sentir l'âme d'une « Felindra tête de tigre » en peignoir douillet, auquel cas abandonnez-vous à une journée Spa version deluxe. L'avantage du spa pour un enterrement de vie de jeune célibataire, c'est que ça détend. Le petit inconvénient, c'est que vous allez vous faire masser les paturons sur de la musique World pendant deux heures alors que votre bande barbotera un peu plus loin. Ce qui veut dire aussi que vous ne passerez pas TOUTE la journée avec eux ! À vous de voir !

Note pour le témoin

Prévoyez la journée comme une Noëlle avant l'heure, avec des petits cadeaux, des anecdotes, des discours, des photos, des bonbons, etc.

Quelques adresses de spas

À Paris

Spa de la reine

Pourquoi faut-il y aller ? À cause du texto que vous allez envoyer aux gens : « Je t'appelle plus tard, j'entre au Pavillon de la Reine. »

Prix : 75 euros par personne pour l'accès au jacuzzi, hammam, salle de sport. Entrée gratuite si vous réservez un soin.

http://www.spa-hotels-luxe.com/spa.php?nomSpa=Spa-de-la-Reine

En Corse

Spa des pêcheurs

Pourquoi faut-il y aller ? Pour se faire équilibrer le corps et l'esprit face à la mer tout en mangeant du saucisson.

http://www.spa-hotels-luxe.com/spa.php?nomSpa=Hotel-Spa-des-Pecheurs

En Haute-Savoie

Pourquoi faut-il y aller ? Être dans un bassin à 40 °C alors qu'il neige est une raison suffisante pour choisir cet établissement.

Prix : 55 euros et plus, avec accès au spa, jacuzzi, hammam et la tisane est offerte !

http://www.mont-darbois.fr/default-fr.aspx

Sur la côte d'Azur :

Pourquoi faut-il y aller ? À cause de l'ambiance sous-marin détente blanc/bleu petit paradis en France.

Prix : massages à partir de 50 euros avec accès à tous les équipements du spa.

http://www.deepnature.fr/index.php/ville/item/nice?category_id=4

Le retour aux sources

Un enterrement de vie de célibataire, ça peut être aussi l'occasion de se mettre au vert avant d'entrer dans le tourbillon des décisions à prendre à la dernière minute comme « Faut-il finalement n'inviter Tata Martine qu'au vin d'honneur ? » « Est-ce que les tulipes de décoration sont à mettre au frigo la veille au soir ? » Autant de questions que vous POUVEZ laisser en suspens pour ne profiter que de votre bande et de vos souvenirs.

Si vous idéalisez une soirée *Into the Wild*, rassemblez vos meilleurs éléments, de la musique et un festin, et hop, allez faire un tour du côté sauvage, comme disait la chanson.

Quand on n'a pas grandi là où les enfants savent reconnaître une amanite d'un bolet, on se dit souvent qu'un chalet, ça doit ressembler à un endroit austère, avec des araignées, des couvertures qui grattent et des bêtes sauvages qui rôdent. Mais si vous choisissez un chalet/un gîte de qualité, vous aurez du chauffage, un endroit où vous pourrez entonner *Vanina* en pleine nuit sans que les voisins appellent les flics, et surtout vous pourrez vous retrouver tranquille, entre potos, pour une grillade géante, une fondue suisse gargantuesque, des histoires qui font peur et de l'émotion, car quand on a (un peu) peur, on se soude. Ne faites pas griller des chamallows comme dans *Dawson*, en vérité, ça n'est pas très bon.

C'est dur de se dire qu'on nous a menti.

Note pour le témoin

Vérifiez quand même qu'on capte du réseau dans votre point de chute, car la nature n'est qu'un prétexte à boire du champagne sans avoir à désigner un capitaine de soirée. Si on avait vraiment voulu se mettre en danger, il aurait fallu s'inscrire à un bootcamp... (Sérieusement ? Ça vous branche ? Un bootcamp pour un EVJG ? Le monde est fou.)

Quelques adresses de locations de chalets

Savoie

Comborcière, « le domaine des gays skieurs ».

Un domaine de ski 100 % gay avec des filles sympas qui ont du caractère et mille histoires à raconter.

1, route des Champions,
73300 Les Sybelles
Tél. : 04 79 83 09 20
E-mail : info@comborciere.com

Normandie

« *C'est une maison bleue...* », accrochée à un bocage dans laquelle on a envie de rester une vie et demie s'il ne fallait pas rentrer pour lundi...

Dans la charmante ville d'Honfleur, une ancienne maison de pêcheur a été aménagée en gîte. Il a une capacité d'accueil de 2 à 4 personnes.

Tel. 06 13 85 66 63
Site : http://www.location-gite-jardin-honfleur.com/

Sud-Ouest

Domaine du Leonberg

Un chalet... du terrain à perte de vue... les Pyrénées à droite... la mer à gauche... l'Espagne au Sud... il ne manque plus qu'un peu de champagne (*with* modération *please*) et vous allez vivre un moment d'éternité, comme on dit chez nous.

Contact : 06 47 62 82 80
domaineduleonberg@gmail.com

COUP DE CŒUR

Les Granges d'Ucafol dans l'Aveyron.
À 5 km de Laguiole, ce corps de ferme rénové peut accueillir jusqu'à 20 personnes. Les filles qui tiennent l'endroit en sont amoureuses, et elles vous accueilleront aux petits pois.
http://www.gitelesgrangesucafol-laguiole.com/

La spéciale Trivial Pursuit

Vos amis savent que pour vous impressionner, « il vous en faut plus ». Cette section est donc réservée à ceux qui tiennent 1) l'alcool, 2) le choc, 3) qui ne souffrent pas d'addiction aux jeux, 4) qui n'ont pas peur de l'inconnu, 5) qui ont un certain budget à claquer juste pour rigoler.

une soirée au casino

Une sortie au casino est toujours insolite. Il fait nuit même à midi, des dames de 80 ans en visières jouent au manchot (sans mauvais jeu de mots enfin) et ça « cling cling » de partout, on a les yeux qui brillent ! Donc vous, fans de *Very Bad Trip* et de Sharon Stone dans *Casino*, embarquez avec vous costard, nœud pap, robes du soir, pochette en satin, fume-cigarette et grand rire cristallin qui se perd dans les volutes, et faites vos jeux ! Ce qui est cool : louer une chambre d'hôtel à quatre pour rigoler comme des baleines en se couchant bourracho (il était bon ce petit cocktail champagne/gin/absinthe). Ce qui est moins cool : se rendre compte qu'on est malchanceux et perdre 333 000 francs CFA à la roulette. Mesurez-vous, mesurez ceux et celles qui ne savent pas se mesurer

un jeu de piste

Quand on était petits, le jeu de piste était synonyme de froid aux pieds, de sandwich mangé trop vite et de « oh qu'est ce que c'est ? Aaah-c'est-une-si-grosse-araignéééée ! » Maintenant qu'on est grands, par le biais d'un jeu de piste, on peut découvrir une ville, faire trouver un cadeau d'enfer à son/sa meilleur(e) ami(e) qui va se marier bientôt, mais aussi revenir aux origines du monde, camper deux jours et avoir le droit de manger autant de Grany® qu'on veut. On n'y pense pas assez, mais nous sommes là pour ça.

Quelques adresses de casinos

Normandie

Casino de Deauville

Avantage : Il paraît que Juliette Greco a gagné 500 000 francs cash là-bas.

http://www.lucienbarriere.com/fr/Casino/Deauville/accueil.html

Ouest

Casino de St-Malo

Avantage : écouter les Innocents, manger une crêpe à minuit face à la mer, chanter « Face à la meeer » et tremper ses petons dans l'eau (mais pas à minuit, car normalement c'est marée haute).

http://www.lucienbarriere.com/fr/Casino/St-Malo/accueil.html

Est

Casino d'Amnéville

Avantage : en profiter pour se faire gommer le séant grâce aux thermes à proximité.

http://www.casino-amneville.com/

Rhône-Alpes

Casino d'Évian

Avantage : boire un petit coup d'eau éponyme entre deux magnums coupes de champagne. Rapporter des packs d'eau moins chers du magasin d'usine Évian.

http://www.casino-evian.com/

Sud

Casino de St-Tropez

Avantage : pouvoir s'habiller en blanc sans se faire huer et chercher le fantôme d'Eddy Barclay. (Il est bien mort, n'est-ce pas ?)

http://www.lucienbarriere.com/fr/Casino/St-Raphael/accueil.html

Quelques adresses de jeux de piste

France

Le pays cathare, pour découvrir de beaux paysages d'éternité et se sentir mi-chevalier mi-Francis Cabrel.

http://www.payscathare.org/

Wissant, la Terre des Deux Caps, un endroit qui donne envie de prendre l'immensité dans ses bras, puis de manger des frites (une petite cabane à frites est située à l'entrée de la plage. Les propriétaires sont sympas, ne vous fiez pas aux apparences.).

http://www.ville-wissant.fr/spip/spip.php?article35

Europe

Variante : et si vous échangiez vos rôles ? Puisque vous êtes dans un environnement inconnu, faites semblant d'être quelqu'un d'autre ! Par exemple, au casino, faites-vous passer pour un espion berrichon, un médecin suisse ou votre belle-mère ; tous les copains prennent un rôle et on s'y tient pendant une heure ! (Attention à la schizophrénie !)

Extrême limite : le frisson sportif

Ce qui est drôle avec les activités sportives, c'est que deux heures avant, tout le monde fait le malin, une heure avant, un quart de l'équipe fanfaronne et une minute avant, plus personne ne parle, on se croirait à l'oral d'espagnol. Si vous avez envie de vous défouler, de crier très fort, de vous sentir en *near death experience* et que le fait de porter une tenue pas forcément avantageuse ne vous effraie pas, cette section est faite pour vous.

la descente en kayak comme delivrance

Contrairement à une activité dans un parc à thèmes, une VRAIE descente en kayak peut procurer des sensations fortes et vous faire perdre de nombreuses calories de peur et d'adrénaline. C'est l'occasion de se souder dans l'adversité avec vos copains, de faire un truc fun et de laisser tomber son portable dans les rapides, alors faites attention.

le ride en delta plane

Révisez votre Icare, révisez votre Newton, vous allez devenir un oiseau le temps d'une matinée ! Dans cette activité, on aime le fait de pouvoir changer d'air, voir les choses d'au-dessus. Il faudra vous en souvenir quand vous serez à ça de la crise de nerfs à cause des pliages de serviette, okay ?

le saut à l'élastique, c'est fantastique

Dans la vie, il y a ceux qui osent sauter à l'élastique et les autres. Nous faisons partie des autres, donc envoyez-nous un email pour nous raconter comment c'était.

Ne faites pas ça, vous êtes fous !

Ne faites pas ça, ça fait peur.

le saut en parachute comme célestine en plein ciel

Jackass peureux, bonsoir. Avec un saut en parachute, vous avez tous les avantages d'une activité dangereuse avec en plus quelqu'un qui se tient très serré derrière vous, ce qui est toujours bon à prendre, car comme nous vous l'avons dit plus haut, on ne sait pas de quoi lundi prochain sera fait. Arrangez-vous pour être accompagné(e) d'un(e) instructeur(trice) plein(e) de charme, car vous êtes le boss aujourd'hui. Na !

le rainbow paintball

Ce qui est bien avec l'activité paintball, ce sont toutes ses similarités avec le sado-masochisme, avec en plus l'aspect « sport », qui est une bonne couverture pour faire ses cochonneries sans se faire importuner. Le principe du paintball, c'est de jouer à la guerre avec de la peinture sous pression, le tout déguisé en combi bi-matière latex militaire, ou alors en lapin, ou alors en Elton John. Si vous avez d'autres idées n'hésitez pas. Le seul impératif, c'est la sécurité, enfin, vous vous en sortirez avec des bleus gros comme des galets, alors autant vous faire un peu plaisir sur l'outfit.

Évidemment, les uns étant combinables avec les autres, vous pouvez commencer par un jeu de piste qui vous mènera au Casino, pour finir dans un chalet où de fausses barbes + chemises à carreaux vous seront fournies pour mater l'effeuillage de la personne extrêmement désirable et huilée que vous aura choisi votre témoin (que vous n'aurez pas oublié de remercier pour sa patience et son dévouement)...

Enfin ce ne sont que des propositions !

Quelques adresses de paintball

Tous les clubs ci-dessous fournissent l'équipement de protection, mais pas les déguisements, sauf indication contraire.

Île-de-France

Go park

Tarifs extérieur : 49 euros pour 500 billes / Équipés : 20 euros
Tarifs intérieur : 43 euros pour 600 billes

À savoir : C'est un complexe de 10 000 m² avec vestiaires, douches, club house, etc.

25, rue de Ménandon
95300 Pontoise
01 34 42 68 68
info@gopark.fr
http://www.gopark.fr/grand_public/

Rhône-Alpes

Le tracker

Tarifs : enterrement de vie de garçon ou de jeune fille = 1 partie offerte à partir de 12 personnes + 1 shooter offert

70, quai Perrache,
69002 Lyon
04 78 42 34 99
http://www.le-tracker.com/

Sud-Est

Paintball 06

On vous propose de participer à des jeux à thèmes dont vous allez être le héros ! 4 h de jeux scénarisés encadrés par nos animateurs.

Tarif individuel : 45 euros par joueur. 500 billes

Tarif de groupe (à partir de 10 joueurs) : 40 euros par joueur, 500 billes

Chemin des cades
06140 Vence
04 93 58 95 90
info@paintball06.fr

Sud-Ouest

Paintball extreme 64

Tarifs : (Durée : entre 2 h et 2 h 30)
150 billes de peinture de départ
Billes supplémentaires :
3 euros = 100 billes,
5 euros = 200 billes
12 euros = 500 billes

Route des Cimes D22 ,
64480 Halsou, à Cambo,
Pays Basque
05 59 93 19 60
contact@paintballextreme64.com
http://www.paintballextreme64.com/

Nord

Paintball 59

Tarifs : 35 euros pour 2 heures et 500 billes

Willem
Rue du grand marais
59000 Lille
06 10 08 42 21
outteryck.guillaume@hotmail.fr
http://www.paintball-lille-metropole.com/

Est

Aventur'est paintball

Au cœur de la Lorraine et du Parc de Loisirs de la Forêt de Haye.

Tarifs : 49 euros le forfait de 1000 billes la ½ journée

250, Allée des Merisiers
54840 Velaine en Haye
03 83 49 18 84
contact@aventurestpaintball.com
www.aventurestpaintball.com

Ouest

Paintball xp

Tarifs : formule enterrement de vie de célibataire = 24 euros/personne, 150 billes. Cette formule vous donne également accès aux 3 terrains de loisirs.

À cette formule peut s'ajouter le scénario « Qui Veut la peau de Roger Rabbit ? ». comme son nom l'indique, déguisez-vous en lapin, et vos amis chasseurs devront vous tirer dessus + 150 billes de peinture.

Tarif : 24 euros pour la formule enterrement de vie de célibataire + 25 euros en supplément pour le costume de lapin et 150 billes de peinture en plus.

3 rue de la Verrerie
44400 Rezé
http://www.paintballxp.fr/

Les tenues et les alliances

Les petits chats, on arrive aux choses sérieuses, là ! Vous connaîtrez les moindres détails qui vous ont amené(e) jusqu'à l'aboutissement de votre rêve à deux, mais vos invités eux, verront deux choses : votre tenue et vos alliances. Il est donc important pour vous de réfléchir calmement et d'être en accord avec votre morphologie pour la tenue, et avec votre vie pour la bague. Mais ne vous en faites pas, car nous sommes là pour vous prendre par la main, comme on le ferait avec un enfant perdu dans un magasin ou un chaton égaré dans la rue. (Même si les chatons n'ont pas de mains, ok ? C'était une métaphore.)

Les Alliances

Une alliance d'amour-pour-toujours doit traverser le temps, les modes et ne pas être source d'angoisse du type : « OH MON DIEU OÙ J'AI MIS MON... ah non c'est bon ! ». L'histoire – qui est parfois si mignonne vous allez voir – nous dit que la tradition de porter une alliance remonte à l'Antiquité romaine, où l'on mettait un anneau de mariage à l'annulaire gauche, car on pensait alors que les veines de ce doigt étaient directement reliées au cœur. C'est ensuite le comte de Habsburg qui a introduit la tradition de porter une bague ornée d'un diamant, pierre précieuse la plus solide qui soit, et donc reflétant bien l'engagement marital.

Sachez que les alliances ont longtemps été très fines et d'une seule couleur, à porter à l'annulaire gauche ou droit, selon le pays. Aujourd'hui, la mode s'est emparée de ce petit anneau, et selon les saisons, on les voit plutôt larges, plutôt bicolores, en demi-jonc (plat à l'intérieur et arrondi à l'extérieur), torsadée, doublée (on en porte deux fines), bicolores... Oui, c'est encore beaucoup de réflexion, mais au moins ça vous change du pliage de serviettes !

Quant à son coût, il y a plusieurs écoles : ça peut aller de « on s'en fout, on a autre chose à penser », à « un mois de salaire sinon rien », à « moins de 12 000 euros, je lève même pas la tête ».

« Coucou Paris Hilton ! »

COUP DE CŒUR

Anne Milbeau : anne.milbeau@gmail.com
www.annemilbeau.com

Les créations de notre coup de cœur Anne Milbeau

Quelques adresses pour choisir son alliance

Cartier : un classique, une valeur sûre
http://www.cartier.fr/

Din Vanh : contemporain
www.dinhvan.com/

Chaumet : raffiné et gai
www.chaumet.fr/

Tiffany & Co : moderne, original
www.tiffany.fr/

Fred : collection allant de sobre à très original
www.fred.com/

Harry Winston : diamonds, diamonds, diamonds !

Gérard Salomon (Paris)

Happer Edit (Paris)
http://www.happer-edit.com/

Les créations adamantines (Paris)
http://www.lescreationsadamantines.fr/

Mais tout est faisable ! N'hésitez pas à entrer chez un bijoutier pour lui parler de vos envies, regardez par exemple : http://www.joailliers-createurs.com/

Robes et costumes

Vous arrivez aux choses vraiment sérieuses ! Le plus grand cauchemar des marié(e)s, mis à part que la pièce montée se casse la binette avant d'avoir été servie, est certainement la tenue du mariage. Vous allez faire comme tous les futurs mariés, vous allez regardez des robes et costumes à 20 plaques, puis baisser votre budget, et c'est là que nous intervenons. L'idée est de prendre son temps, de comprendre comment vous êtes proportionné(e)s et de sortir vos antennes pour dégoter LA robe, LE costume, LE zentai de mariage qui fera de vous cet être qui coupe le souffle.

La pression !

Pour vous aider, nous avons choisi pour vous quelques adresses spécialisées dans l'outfit de mariage.

bon plan

Si vous n'êtes pas très chignon/flonflon/chaussures pointues, n'oubliez pas que vous faites CE-QUE-VOUS-VOULEZ. Si vous préférez choisir une de vos robes et l'agrémenter, c'est ok. Une de vos vestes préférées que vous mettriez avec une chemise pastel et une cravate blanche, c'est ok. Car vous êtes toujours le chef de cette entreprise, chatounet(te).

Et si au contraire vous voulez profiter de cette occasion pour lécher les vitrines de grands créateurs, nous vous conseillons et vous recommandons vivement les créations Mode Jean Paul Gaultier®.

COUP DE CŒUR

http ://www.jeanpaulgaultier.com/fr

Guillaume Diar (Paris)
http://mademoisellesemarieofficiel.wordpress.com/

Maria Lucia Hoh

KT Jean

BAYLIY

BAYLIY

(NO) SMOKING COLLECTION

Yves Saint Laurent

Hugo Boss

DE FURSAC

TOPMAN

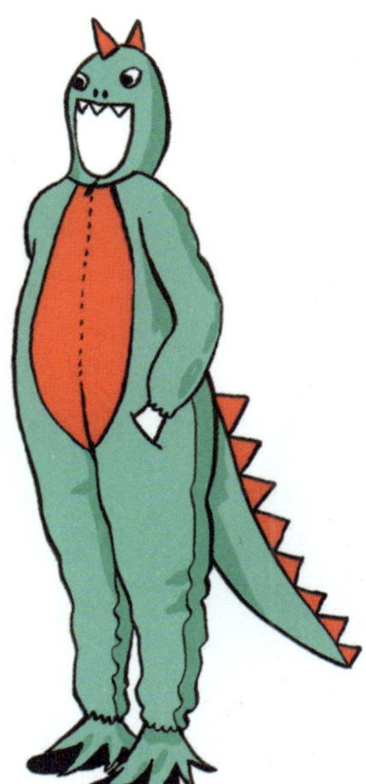

Dragon Adulte

Ce jour vous serez le plus beau ou la plus belle de l'univers

Il est temps de faire quelque chose qu'on oublie souvent alors que c'est aussi important que de boire au moins 1,5 litre d'eau par jour, vérifier régulièrement que sa grand-mère est encore en vie ou donner des étrennes aux pompiers qui sauvent des vies : vous occuper de vous ! Plus vous vous sentirez irrésistible, plus vous serez irrésistible !

Le maquillage

Vous savez ce qu'on dit : « Trop d'infos tue l'info. » C'est valable aussi pour votre petite ganache, surtout le jour de votre mariage. Il existe quelques règles simples, et les voici...

si vous vous maquillez vous-même

Faites-le à la lumière, avec des produits que vous avez déjà testé au préalable, surtout le fond de teint, pour ne pas ressembler à Vaness la Bomba. Est-ce qu'il faut utiliser un recourbe-cils ? Oui, si ça vous excite, pourquoi pas, ça fait toujours plaisir d'avoir l'impression d'être Beyoncé pendant 5 minutes. Pour maquiller ses yeux, on utilise une ombre à paupières sobre, du rose très clair, du beige, du taupe, jamais de couleurs des enfers (orange, bleu, blanc irisé), sauf si vous vous mariez nu(e) et que vous pouvez tout miser sur le visage. Et à la fin, on fixe avec de la poudre ! Avec une poudre de finition très fine, la Bare Mineral est très bien, la Guerlain aussi, en plus elle sent la violette, en tout cas utilisez bien la poudre de finition, jamais de terracotta ou ce genre de vilainies, ok ?

Pour les garçons c'est le même principe : du fond de teint léger (il existe des marques spécialisées pour vous), à moins que votre thème de mariage ne soit « les présentateurs oranges de I-Télé », un peu de mascara transparent (on en trouve facilement chez Sephora) si ça vous fait plaisir, un peu de crayon noir sur le coin externe de l'œil pour agrandir et surtout, la poudre de finition, à moins que votre thème de mariage ne soit « celui qui brille le plus du front a gagné »...

on récapitule

On dégraisse sa peau avec un tonique (Clinique®, Uriage®, Caudalie®, Bioderma®, Kiehls®).

On hydrate avec une crème de jour appliquée en couche légère (Laroche® Posay®, Kiehls®, Dr Hauschka®). On hydrate aussi les lèvres avec un baume (homéoplasmine, crème de 8 heures d'Elizabeth Arden®).

On applique un anticernes (Yves St Laurent®, Benefit®, Paris Berlin®).

On applique son fond de teint (il y en a tellement ! Des plus légers comme les BB Cream Clinique® ou Bourjois®, aux plus épais Laroche Posay® ou Estée Lauder ®ou Lancôme®).

On fixe avec une poudre libre (Paris Berlin®, Mineral Veil de Bare Mineral® ou Guerlain®).

quelques marques qu'on conseille

Pour les filles

Bourjois®, Chanel®, Lancôme®, Une® (la marque Bio de Bourjois®), Make Up For ever®, Bare Mineral®, Bobbi Brown®.

Pour les Garçons

Mac®, Make Up for ever®, Gautier,® Viseart®.

Maquilleurs et coiffeurs pros

comment le choisir ?

Si vous êtes en région parisienne, vous connaissez forcément quelqu'un qui connaît quelqu'un qui en connaît un. Si vous êtes en dehors des frontières de la grande couronne, faites une petite recherche Internet, demandez à votre coiffeuse, MAIS attention !

ce à quoi il faut être vigilant

Les professionnels sont susceptibles : OUI, c'est vous le/la client(e), mais expliquez calmement, faites un essai, dites-le GENTIMENT si vous n'aimez pas, sinon ils risquent de se braquer. Idéalement, vous savez dire non et si ça ne vous plaît pas vous saurez dire : « On essaie autre chose ? » Ne vous faites pas trop copain tout de suite comme ça, vous saurez manifester votre incertitude face à la choucroute avec cascade de boucles sans culpabiliser.

Conseil pour tout le monde sous forme d'énigme du père Fourras

Attention, le maquillage ça coule si on pleure, si on frotte, si on oublie. Faites-vous une croix sur la main pour vous en souvenir. (L'autre croix sur la main gauche ? Ah, c'était pour ne pas oublier d'aller chercher Quentin à la maternelle.)

Oups !

Bonnes adresses

Autour de Paris : Hélène Balderas.
lnbalderas@me.com

Manucure et pédicure

Nous pouvons déjà vous prédire que la manucure, c'est quelque chose que vous allez adorer (ça fait toujours plaisir) ET qui va certainement passer à la trappe, entre la déco à finir la veille, les derniers essais, la répétition avec la famille si vous faites un mariage « à l'américaine », etc. Il y a deux choses que vous devez cependant garder à l'esprit : sur vos photos, pendant cette journée, quand vous accueillez tante Alice (c'est souvent la tante riche mais sympa), il ne faut surtout pas que vous soyez gêné(e) par ce détail. Donc dans votre planning, nous vous conseillons fortement de caler une manucure/ pédicure, pourquoi pas pendant que vous vous faites coiffer ?

Bons plans

Pour les lesbiennes puristes

N'hésitez pas à demander à votre manucure une coupe « ongle ras », il faut rester vous-même jusqu'au bout, et si vous trouvez que la couleur ça fait pouf, ça n'empêche pas de faire un petit soin des ongles, d'égaliser et de vous faire poser un petit vernis transparent qui viendra renforcer et nourrir...

Pour les petits budgets

Demandez à votre sœur hétéro à 2 000 % ou à sa meilleure amie propriétaire de l'intégrale des coffrets DVD de *Friends* et *Sex & the City* de s'occuper de vos ongles. Depuis qu'elle a 4 ans (à l'époque elle s'entraînait sur sa poupée et même son petit poney), elle pratique la manucure, et elle sera ravie d'avoir cette lourde responsabilité !

Avant…

… après

Épilation

À moins que vous fassiez partie des rares pour qui l'épilateur électrique n'est pas synonyme de mort lente et douloureuse, il va falloir se faire à l'idée de laisser pousser... Parce que le rasage c'est non (n'insistez pas) et que les années 70 en Allemagne de l'Ouest, par définition, c'est du passé. Donc, deux ou trois mois avant votre *Big Day*, laissez pousser, faites-vous gommer, attendez deux jours, et prenez rendez-vous dans un institut. Vous verrez comment réagit votre peau (= au bout de combien de temps vous ne portez plus les stigmates de l'épilation à la cire). 48 heures avant votre mariage, répétez l'opération, vous serez lisse comme Selena Gomez.

Pour les garçons : Tous les instituts classiques n'acceptent pas d'épiler les garçons. Voici pour vous quelques adresses ça et là qui vous acceptent avec gentillesse et bienveillance, sans vous faire comprendre que les hommes sont des porcs qui se touchent la « kik » sur le billard (= esthéticienne ayant connu la guerre froide).

Quelques adresses

Paris

Ohm Institut

6 rue de la Victoire
75009 Paris
http://www.ohm-institut.fr/les-hommes

Marseille

Que du bonheur Institut

635, Avenue de Mazargues,
13009 Marseille

http://www.quedubonheurinstitut.fr/tarifs.html

Nantes

Institut de beauté Amazone

3bis place des Tonneliers,
44300 Nantes

http://www.institut-beaute-amazone.com/

Lyon

Spa Osmose

12 rue de la Barre
69002 Lyon

http://www.spa-osmose.com

Nord

Beauté Homme Expert

8 place de la Victoire
59700,Marcq-en-Baroeul

http://www.beaute-homme-expert.fr/soins-corps.asp

La préparation physique

Ne vous crispez pas, nous non plus on ne fait pas de sport et on ne culpabilise même pas tant que ça. Mais vous devez savoir qu'un teint rosé, des cheveux qui swinguent et des fesses fermes, ça peut s'obtenir en faisant gigoter vos toxines. Alors voici ce qu'on vous propose : Véronique, Davina et leur justaucorps échancré jusque dans l'au-delà ont fait des petits ! Si vous êtes casanières mais motivé(e)s, vous pouvez vous offrir un coach privé, (souvent) gratuit et sympa grâce à votre téléphone de 4ᵉ génération ! Sur iPhone® par exemple, il existe des applications « yoga », « coach sportif », « coach régime » ou « pilates » à télécharger. Vous mettez vos écouteurs, un short (qui peut être moche du coup comme vous êtes à la maison), vous y passez dix à trente minutes par séance selon votre emploi du temps et, au bout d'un mois, votre petit corps sera tout gainé comme un parcours d'accro-branche !

yoga : efficace
vraiment chiant

Course à pieds
faut l'vouloir

Gym suédoise

Culturisme

Gestion belle-mère

Les belles-mères sont comme les chats : elles ont besoin de vous, mais n'hésiteront pas à vous manger un doigt en cas de guerre. N'évoquez donc pas trop avec elle la possibilité de faire du sport avant de vous marier car elle risque de vous rétorquer : « Voui, ça serait bien que tu aies l'air en forme. » Une phrase qui va résonner dans votre tête jour et nuit pendant trois mois. Proposez-lui à la place soit 1) de vous accompagner lors de vos footings, elle refusera à coups sûrs), 2) de vous cuisiner des choses encore plus saines quand vous vous voyez (comme ça, elle se sentira quand même impliquée et elle arrêtera de mettre du beurre partout comme si elle était née en Lorraine).

Veuillez-nous excuser par avance si elle accepte.

Bon plan

les stylistes qui chinent pour vous

C'est le métier d'un styliste de trouver la belle pièce, vous pouvez donc faire appel à cette fée du vêtement pour vous aider dans votre recherche de perfection !

Trouvailles chic

Cécile Réaubourg est styliste freelance, et elle comprend tout très vite.
06 33 98 08 53

Anaïs Delcroix.
Cette fille-là est la réincarnation de Punkie Brooster, elle vous dégotera des fringues et accessoires de derrière les nuages, n'hésitez pas à prendre contact avec elle !

06 88 65 33 20
a.delcroix@hotmail.fr

COUP DE CŒUR MASSAGES

Éric est un masseur magicien. Après être passé(e) chez lui, vous aurez dans la tête des chansons qui font danser dans la rue, vous serez tonifié(e), revigoré(e) et un peu plus mince, parce qu'il sait aussi faire partir les capitons. (En plus, il crée des potions qu'il vous offre : gommages à la rose, lotions au jasmin...) On vous le recommande pour une séance de bien-être ou une cure complète de changement de peau !
http://www.eric-massages.com/
eric.massages@me.com
06 33 45 02 32

L'ORGANISATION

Faire sa demande
c'est coché, pleurer de joie (ça c'est fait !).
C'est aussi se réjouir, avoir peur,
avoir peur et encore avoir peur
(ça oui, c'est bon, on a).
Maintenant, il faut se concentrer
pour que tout se déroule sans accroc,
comme aurait dit Gandhi.
(Ou c'était Rose Laurens ? Oh on ne sait plus !).
Planning, budget, prestataires,
nous abordons tout dans ce chapitre.

Test

Comment faites-vous le ménage ?

a. Vous opérez par étapes : aspirateur, serpillière, poussière, linge, etc. Vous êtes un véritable chef des armées, et on peut lécher le sol de la cuisine à n'importe quelle période de l'année tellement ça brille.

b. Vous avez une femme de ménage à qui vous laissez régulièrement des petits mots parce que vous ne retrouvez jamais vos chaussettes tellement elle a pris le pouvoir sur votre dressing.

c. Vous considérez que balancer vos habits sales en vrac dans la machine en mélangeant blanc et couleur, laine et synthétique, c'est déjà pas mal. Vous ne passez à l'action que quand vous avez mis votre dernière culotte à l'élastique cassé.

D'ailleurs, elle est à qui cette culotte ?

d. La dernière fois que vous avez fait le ménage, c'est parce que votre maman est venue déjeuner. Voilà pourquoi vous préférez la voir chez votre sœur.

e. Vous considérez que le bordel participe à votre créativité, et que la poussière est une protection naturelle qu'il faut chérir.

Comment organisez-vous vos vacances d'été ?

a. Un an avant. Ce qui vous permet d'obtenir les meilleures promos et de potasser votre *Lonely Planet* et Google Map pendant un an tous les dimanches soirs.

b. Vous prenez un pack voyage + hôtel + tickets d'entrée musées et restaurants 3 semaines avant, c'est tellement chouette de se laisser guider !

c. Vous êtes addict à Lastminute.com et au fait d'arriver dans une capitale sans forcément savoir dans quel pays vous êtes. Du coup, vous n'êtes jamais allé(e) dans un pays où il faut faire des vaccins, mais ce n'est pas très grave.

d. La dernière fois que vous avez pris des vacances, c'est parce que votre maman vous a offert un billet d'avion pour votre anniversaire. Voilà pourquoi vous détestez les anniversaires.

e. Vous choisissez votre destination en jouant au « jeu de la carte », qui consiste à fermer les yeux et à pointer du doigt un endroit de votre lampe-globe au hasard avec votre ami(e). Du coup, vous êtes allé(e) deux fois dans la Creuse en 3 ans, une fois en Ukraine en février et vous avez fait 8 croisières (eh oui, on tombe plus souvent au milieu de l'océan que sur la terre ferme).

RÉSULTATS

Vous avez plus de **a** :

On vous fait confiance pour organiser votre mariage vous-même. De toute façon, vous avez déjà décidé que la tapenade en apéro sera à base d'olives vertes, qui se digèrent mieux que les olives noires, et vous avez déjà imposé la couleur des robes (fushia-rosé-clair-pantone 226 °C).

Vous avez plus de **b** :
Le wedding planner est VOTRE solution. Prévenez-le qu'il devra peut-être choisir lui-même le/la marié(e) parce que vous avez encore un léger doute.

Vous avez plus de **c** :
Demandez à votre grand-mère si elle peut vous prêter sa maison de campagne et publier vos bancs à votre place car vous risquez d'oublier...

Vous avez plus de **d** :
Êtes-vous bien sûr de vouloir vous marier ? Nous pouvons aussi vous conseiller de très bons psychiatres spécialisés en tout ce qui est dépressions nerveuses. J'dis ça, j'dis rien.

Vous avez plus de **e** :
Demandez à votre sœur/meilleur(e) ami(e) de vous aider pour tout ce qui est aspect pratique ou prenez un wedding planner-artiste-plasticien-performer-designer qui saura combler votre goût du risque !

À chacun son budget

Quand on prévoit de se marier, il y a toujours un moment où on se dit qu'on va faire ça tranquille à 10-12 dans un chalet avec un pique-nique tiré du sac (merci d'apporter vos « tentes » !). Puis vient la phase 280 invités et location de Chambord pour deux jours. C'est seulement après que l'on regarde combien ça coûte, et les pommettes roses de s'être imaginés que peut-être Elton John pourrait arriver en hélico pour chanter quatre chansons. Ça calme ! Donc calmez-vous ! C'est à partir de ce moment que nous intervenons.

Budget ristretto

pour qui ?

Les petits porte-monnaies qui ont le sens des réalités et veulent un mariage tranquille entre copains, environ **1 000 euros**.

pour combien de personnes ?

Entre 10 et 15 personnes.

pour quand ?

Bientôt ! Le mois prochain... dans 3 semaines...

No panic,
tout va bien se passer !

pour quoi

Ce qui coûte cher dans un mariage, c'est le lieu où on se marie, les vêtements et le repas. Pourquoi ne pas faire une fête chez vous, dans un parc si c'est en été, avec un cortège comme dans l'Italie des cartes postales ? Pour votre tenue, nous ne pouvons que trop vous conseiller de fréquenter les fripes ; ne froncez pas le nez, on y trouve des merveilles. Par exemple : une veste vintage, une chemise H&M, un pantalon et nœud pap American Apparel®, et vous serez croquignolets !

Pour le repas, si c'est l'hiver, pensez raclette, pensez tartines, pensez pizza, pensez fête entourés de ceux que vous aimez ! Si c'est l'été, vous vous rappelez comme c'est bon, la salade de riz, accompagnée d'une citronnade et d'ananas frais pour le dessert ?

Budget expresso

pour qui ?

Les petits budgets avec quelques économies, entre **1 000 et 2 500 euros**.

pour combien de personnes ?

Entre 10 et 25 personnes.

pour quand ?

Le temps de trouver un endroit cool où faire le vin d'honneur et de réserver un restaurant qui vous plaît pour 10 à 25 personnes. Comptez un petit mois et demi.

pour quoi

C'est le plus traître des budgets, car il est entre « pas grand-chose » et la tentation de le pulvériser.

Les conseils du budget ristretto s'appliquent donc aussi ici, augmentés des recommandations suivantes : oubliez le traiteur, soyez malin(e)s en dissociant les invités au repas et ceux au vin d'honneur, que vous ferez dans un bar ou chez vous (accompagné de pains surprises de chez Picard).

Ils sont très bons, mais par pitié prenez le temps de les décongeler.

€ €

Budget noisette

pour qui ?

Les bourses entre **2 500 et 7 000 euros**.

pour combien de personnes ?

Entre 20 et 45 personnes.

pour quand ?

Le temps de réserver l'endroit, la salle, les billets d'avion ou de train, comptez quelques mois.

pour quoi

Vous bénéficiez d'un budget qui commence à être confortable, vous avez deux solutions :

- vous faire plaisir sur vos habits de mariage et le repas en invitant votre famille au grand complet si vous rêvez d'un mariage traditionnel ;

- si vous avez envie d'une cérémonie hors du commun en comité restreint, pensez aux destinations originales en petit groupe : la Grèce, l'Italie, où vous pourriez par exemple louer une grande maison et faire la fête avec les amis que vous aurez invités... Le souvenir restera impérissable !

€ € € €

Budget allongé

pour qui ?

Un pécule entre **7000 et 15 000 euros**.

pour combien de personnes ?

- Soit très peu, mais que vous rincez comme s'ils étaient des reines de Sabbah.

- Soit un peu moins d'une centaine que vous rincez aussi, avec plusieurs plats et un orchestre traditionnel tzigane.

Ceci est un exemple.
Ne vous sentez pas obligé.

pour quand ?

Dans un an !

€ € € €

pour quoi

C'est généralement le budget alloué à un mariage classique. Location d'une petite salle, menu travaillé, pièce montée et costumes de cérémonie en auront raison, mais vous ferez les choses bien sans avoir à ruser avec les « pesos ». Veillez à rester dans une ambiance qui vous ressemble et à ne pas céder à l'appel des sirènes, notamment de la part des traiteurs, qui tenteront souvent de vous faire une danse du ventre autour d'un vin hors budget, sentant que vous en avez un peu sous le pied.

Budget américain

pour qui ?

Ceux qui possèdent un budget **supérieur à 15 000 euros**.

pour combien de personnes ?

Entre 50 et l'infini.

À supposé que l'infini existe, bien entendu !

pour quand ?

Prenez votre temps. L'été prochain, pourquoi pas ?!

pour quoi

Profitez de votre jolie dotation de mariage pour faire les choses en grand ! Location d'un domaine avec piscine, costumes de qualité, wedding planner si vous n'avez pas envie de vous encombrer des détails d'organisation. A priori, le budget ne devrait pas être une source d'ennui et c'est déjà une très bonne nouvelle.

Sauf au moment où, comme mentionné dans notre introduction, vous évoquerez l'idée d'inviter Elton John pour le vin d'honneur.

€ € € € €

Wedding planner or not ?

Un wedding planner, c'est une maman version moins opressante. C'est lui qui s'occupe de tout, et c'est un très bon allié jusqu'à votre mariage. À l'image de votre thérapiste, vous allez avoir l'impression de tomber amoureux(se) de votre wedding planner, mais n'en faites pas un drame, ça va passer. Voici quelques réponses aux questions que vous pouvez vous poser concernant cette fée version 2.0.

De la simple recherche du lieu de réception à l'organisation globale du mariage. Les wedding planners travaillent souvent en France et à l'étranger !

à partir de quand faut-il le contacter ?

Le plus tôt possible, dès le lendemain de la demande, cela permet d'avoir beaucoup plus de disponibilités, notamment au niveau des lieux et du traiteur. Et personne n'a envie de voir son mariage célébré au bord de l'autoroute dans un karaoké, n'est-ce pas ?

Si ? Ah pardon !

quel est le délai d'attente :

Dans une bonne agence, il n'y en a pas. Un wedding planner doit être structuré et savoir répondre à votre demande tout de suite.

Il y a tout de même quelques indices qui pourront vous rassurer quant au choix de votre entrepreneur :

- l'avis d'anciens clients ;
- l'ancienneté de l'entreprise ;
- les questions que posera le wedding planner.

En un mot, fiez-vous à votre petit instinct ! Mais pas de psychose, se fier à son instinct, c'est être aussi un peu rationnel. Ce n'est pas parce que quelqu'un ne porte pas de chaussettes, par exemple, qu'il ne s'agit pas de quelqu'un de bien.

Note

Si vous faites appel à un wedding planner, assurez-vous de bien vouloir déléguer des choses ! Ne faites pas semblant, vous savez très bien ce que signifie l'expression « CONTROL FREAK », et si vous n'êtes pas prêts à laisser d'autres que vous s'occuper de choses importantes, dans ce cas faites simplement appel à un petit cousin pour faire les nœuds sur les faire-part !

combien ça coûte ?

Les wedding planner travaillent sur devis et en fonction de la personnalité de leurs clients afin de créer un mariage à leur image. Le devis dépendra donc du budget, des rêves, de la réalité, des coups de pouce, des petites astuces à mettre en place, un vrai rêve bleu comme dans *Aladin* !

COUP DE CŒUR

Manuel Delcourt
16, rue Darcet 75017 Paris
06 28 47 71 87
Email : manuel@weddingandco.com
www.wedding-gay.com

Amuse-bouche

Si vous n'avez pas choisi la formule « wedding planner », cela signifie que vous allez vous taper tout le boulot de l'organisation et choisir vous-même la cérémonie que vous voulez, le lieu idéal, mais aussi le repas, les boissons et notamment le traiteur. Qu'on se le dise, épluchez quelques devis entre deux grignotages pour déguster les prestations desdits traiteurs, ce n'est pas si désagréable... Si vraiment vous perdez pied à l'idée de cette corvée, lisez-nous les p'tis chéris !

Le traiteur

Il est important de choisir son traiteur quelques mois à l'avance. Annoncez-lui la couleur dès le premier coup de fil, dites-lui que vous le sollicitez pour un mariage homosexuel. À sa réaction, vous verrez si vous tenez la bonne personne ou pas. Sélectionnez-en plusieurs et demandez-leur des devis. Choisissez le bon en fonction de votre budget et du feeling avec votre interlocuteur.

à vous de jouer

Il existe différentes formules. Certaines sociétés peuvent même s'occuper de l'animation, du lieu de la réception et de la décoration.

Goûter les plats

Le jour J, il sera trop tard pour regretter les sashimis de canard ou la pièce montée « caramel au beurre salé et châtaigne ». Prenez des notes si vous en goûtez beaucoup afin de vous y retrouver.

Quoi pour qui ?

Votre belle-mère ne digère pas le poisson ? Votre frère est végétalien ? Votre père suit un régime sans sel ? Surtout, ne tenez pas compte des exigences de chaque invité. Laissez le traiteur vous proposer des plats imaginatifs, et ne le bridez surtout pas ! Tant pis pour les relous, ils se rattraperont sur le plateau de fromages.

Instruisez-vous

N'oubliez pas de poser quelques questions importantes, selon la formule que vous choisirez :

- Quelle est la date limite pour annoncer le nombre d'invités ?
- Qui va faire le ménage après la fête ?
- Le service est-il compris ?
- Si oui, jusqu'à quelle heure ?
- Qui s'occupe du gâteau ?
- ...

Quelle est la couleur du cheval blanc d'Henri IV ?

restaurant ?

Dans ce cas, pas besoin de se casser la tête pour trouver un lieu atypique tout en gérant le bon déroulement de la fête ! Contactez-les et comparez leurs prestations. Nous avons sélectionné ici quelques bonnes adresses, mais sachez qu'il est facile, par téléphone, de trouver un traiteur ou un restaurant gay friendly près de chez vous !

Quelques adresses de traiteurs et/ou restaurants

Bretagne :

Brest Location Réceptions

Brest Location Réceptions s'occupe de votre soirée, du décor, du repas. Danser toute la nuit sous une tente au fin fond d'une forêt ? Dérouler le tapis rouge comme au cinéma pour faire de vous les stars d'un jour ? Créer une fête arc-en-ciel avec des chaises multicolores ? Créez un événement à votre image ! Vaisselle, mobilier, tentes de réception... Ils louent tout ce qu'il vous faut pour faire de votre mariage un moment inoubliable !

130 rue de Salanguis
29490 Guipavas
02 98 01 20 20
nicolas@brest-location-receptions.fr
www.brest-location-receptions.fr

Alain Pochart Traiteur

Alain Pochart vous propose deux menus pour vous mettre l'eau à la bouche avant le jour J :

Menu Gay :

- Asperges en chaud/froid (panna cotta et aspergettes poêlées)
- Queue de homard breton mi-cuite, saveur de truffes et carica du Chili
- Médaillons de veau aux éclats de gingembre, superposition de champignons sauvages et fo e gras chaud
- Boules de chocolat croquantes, cœur acidulé et jus de fruits rouges

Menu Lesbien :

- Canon de saumon fumé, balsamique mousseux et fines saveurs d'huître végétale
- Suprême de pintade, inclusion de langoustines, glace de celles-ci et légumes cuits dans un délicat bouillon à la sauge
- Finger de chocolat au cœur passion, légèreté de mascarpone à l'infusion de menthe poivrée

25 rue du Commandant Groix
29200 Brest
02 98 47 64 11
06 01 88 12 39
production@traiteur-pochart.com
www.traiteur-pochart.com

Languedoc-Roussillon :

Restaurant l'Artiste

Pour une soirée en petit comité (jusqu'à 40 personnes), Jacques et Bernard peuvent vous proposer un menu sur mesure ainsi que des animations (spectacle de magie, shows transformistes en hommage à nos chères idoles décédées, imitateurs, etc) dans l'ambiance chaleureuse de leur restaurant très gay friendly.

20 rue de Brésis
30100 Alès
04 66 54 49 45
bernard.maulet@orange.fr
www.restaurant-lartiste-ales.fr

Traiteur William Balducci

William compose avec vous la formule qui convient à vos désirs et à votre budget. Dans le lieu de votre choix ou dans l'une de ses salles de réception, il assure le bon déroulement de votre mariage et peut même s'occuper de l'animation (spectacles, DJ, etc).

1487 avenue des Maladreries
30100 Alès
04 66 56 98 46
06 70 14 88 60
contact@balduccitraiteur.fr
www.balduccitraiteur.fr

Normandie :

Fabdecaen Traiteur

Fabrice, traiteur et pâtissier, propose une cuisine traditionnelle et gastronomique tout en finesse et originalité. Il se fera un plaisir de vous proposer ses créations pour un dîner de noces réussi !

41-43 rue de Vaucelles
14000 Caen
02 31 82 37 81
09 55 14 69 92
fabdecaen@free.fr
www.fabdecaentraiteur.fr

L'Autre café

Isolé au creux d'une vallée, au bord du lac de la Roche qui boit, *L'Autre café* offre le cadre idéal pour célébrer votre union : un lieu original, revendiquant clairement sa différence, un espace féerique où tous les éléments contribueront à la magie de l'événement.

La Roche qui Boit
50240 Saint Laurent de Terregatte
02 33 48 57 81
www.larochequiboit.fr

Pense-bête boissons

le vin d'honneur

En fonction de ce que vous servirez durant le vin d'honneur, sachez qu'il faut compter :

- **Vin :** 1 bouteille pour 3 personnes.
- **Champagne :** 1 bouteille pour 4 personnes.
- **Whisky, vodka :** 1 bouteille pour 12 personnes.
- **Cocktails :** 1 litre pour 3 personnes.
- **Sodas :** 1 bouteille pour 6 personnes. (Pensez aux enfants, car ils ne boivent pas d'alcool.)

le repas

Selon le menu (viande ou poisson), optez pour une quantité supérieure de vin rouge et/ou de vin blanc, en sachant qu'il vous faudra :

- 1 bouteille de vin pour 3 personnes.
- 1 bouteille de champagne pour 5 à 6 personnes.
- 1 bouteille d'eau minérale (plate ou gazeuse) par personne.

le dessert

- 1 bouteille de champagne pour 5 personnes.
- 1 litre de café pour 15 personnes.

pour danser toute la nuit

Prévoyez 1 litre d'eau par personne, de la bière, du champagne, du vin, des cocktails (une poignée de gens finissent par boire tout ce qui traîne et qui contient de l'alcool).

Vous savez déjà qui ils sont et combien ils sont...

L'ORGANISATION

DE TOUTES LES RELIGIONS RÉPERTORIÉES, SEULS LES PRÊTRES MAYAS ACCEPTENT DE CÉLÉBRER DES MARIAGES HOMOS...
ET ENCORE, C'EST JUSTE POUR ACCÉLÉRER LA FIN DU MONDE !
Jul

Cérémonie religieuse ou pas

Deux cas de figure principaux se dessinent. Soit vous êtes croyants depuis toujours, proche de votre église/temple/mosquée/synagogue et vous souhaitez par-dessus tout qu'une cérémonie religieuse ait lieu pour votre mariage. Soit vous avez une foi plus personnelle et vous ne ressentez pas le besoin qu'un représentant officiel de votre chapelle soit présent. Vous souhaitez juste que cette cérémonie soit un peu plus que le mariage civil froid et expédié en 10 minutes à la mairie du coin, et lui donner une dimension spirituelle pour marquer l'événement...

À vous de choisir ?

Nous avons répertorié des groupes LGBT des communautés juives et musulmanes de France qui soutiennent le mariage pour tous depuis la première heure et vous aideront à célébrer votre union et donner la dimension spirituelle officielle à cet heureux événement !

Quelques noms de groupes LGBT musulmans et juifs

Beit-haverim

Groupe Juif Gay et Lesbien de France représenté par S. Jaffre.

http://www.beit-haverim.com

HM2F : Homosexuels Musulmans de France

Groupe représenté par Ludovic-Mohamed Zahed qui vient par ailleurs d'ouvrir la première mosquée « inclusive » de France comme il l'appelle, ouvertes aux gays et lesbiennes et favorable au mariage pour tous. Il est aussi coordinateur international de la CALEM (Confederation of Associations LGBTQI European and Muslim) et va bientôt ouvrir l'association des musulmans progressistes de France.

http://www.homosexuels-musulmans.org

On peut aussi citer **Ani Zonneveld**, Imam venue de Los Angeles et figure de proue du mouvement des musulmans progressistes en Amérique du Nord qui a marié en novembre 2012 à Paris deux musulmanes.

faites-le vous-même

Vous pouvez donner vous-même une dimension sacrée à ce moment en lisant ou faisant lire par vos proches des textes saints que vous aurez choisis. Grâce à nos conseillers gay friendly et selon nos affinités personnelles, nous avons selectionné pour vous quelques extraits des Trois Grands Livres qui nous ont semblés particulièrement justes, émouvants et adaptés à ce beau moment !

Quelques textes choisis et extraits de la Bible

1 Corinthiens, chapitre 13, versets 1 à 13

Quand je parlerais en langues, celle des hommes et celle des anges, s'il me manque l'amour, je suis un métal qui résonne, une cymbale retentissante.

Quand j'aurais le don de prophétie, la science de tous les mystères et de toute la connaissance, quand j'aurais la foi la plus totale, celle qui transporte les montagnes, s'il me manque l'amour, je ne suis rien.

Quand je distribuerais tous mes biens aux affamés, quand je livrerais mon corps aux flammes, s'il me manque l'amour, je n'y gagne rien.

L'amour prend patience ; l'amour rend service ; l'amour ne jalouse pas ; il ne se vante pas, ne se gonfle pas d'orgueil ;

Il ne fait rien de malhonnête ; il ne cherche pas son intérêt ; il ne s'emporte pas ; il n'entretient pas de rancune ;

Il ne fait rien de laid, il ne cherche pas son intérêt, il ne s'irrite pas, il n'entretient pas de rancune,

Il ne se réjouit pas de l'injustice, mais il trouve sa joie dans la vérité.

Il excuse tout, il croit tout, il espère tout, il endure tout.

L'amour ne disparaît jamais. Les prophéties ? Elles seront abolies. Les langues ? Elles prendront fin. La connaissance ? Elle sera abolie.

Car notre connaissance est limitée et limitée notre prophétie.

Quand j'étais un enfant, je parlais comme un enfant, je pensais comme un enfant, je raisonnais comme un enfant. Maintenant que je suis un homme, j'ai fait disparaître ce qui faisait de moi un enfant.

Nous voyons actuellement une image obscure dans un miroir ; ce jour-là, nous verrons face à face. Actuellement, ma connaissance est partielle ; ce jour-là, je connaîtrai vraiment, comme Dieu m'a connu.

Ce qui demeure aujourd'hui, c'est la foi, l'espérance et l'amour ; mais le plus grand des trois, c'est l'amour.

1Jean, chapitre 4, versets 7 à 11

07 Mes bien-aimés, aimons-nous les uns les autres, puisque l'amour vient de Dieu. Tous ceux qui aiment sont enfants de Dieu, et ils connaissent Dieu.

08 Celui qui n'aime pas ne connaît pas Dieu, car Dieu est amour.

09 Voici comment Dieu a manifesté son amour parmi nous : Dieu a envoyé son Fils unique dans le monde pour que nous vivions par lui.

10 Voici à quoi se reconnaît l'amour : ce n'est pas nous qui avons aimé Dieu, c'est lui qui nous a aimés, et il a envoyé son Fils qui est la victime offerte pour nos péchés.

11 Mes bien-aimés, puisque Dieu nous a tant aimés, nous devons aussi nous aimer les uns les autres.

12 Dieu, personne ne l'a jamais vu. Mais si nous nous aimons les uns les autres, Dieu demeure en nous, et son amour atteint en nous sa perfection.

13 Nous reconnaissons que nous demeurons en lui, et lui en nous, à ce qu'il nous donne part à son Esprit.

14 Et nous qui avons vu, nous attestons que le Père a envoyé son Fils comme Sauveur du monde.

15 Celui qui proclame que Jésus est le Fils de Dieu, Dieu demeure en lui, et lui en Dieu.

16 Et nous, nous avons reconnu et nous avons cru que l'amour de Dieu est parmi nous. Dieu est amour : celui qui demeure dans l'amour demeure en Dieu, et Dieu en lui.

17 Voici comment l'amour, parmi nous, atteint sa perfection : il nous donne de l'assurance pour le jour du jugement. Car ce que nous sommes dans ce monde est à l'image de ce que Jésus est lui-même.

18 Il n'y a pas de crainte dans l'amour, l'amour parfait chasse la crainte ; car la crainte est liée au châtiment, et celui qui reste dans la crainte n'a pas atteint la perfection de l'amour.

19 Nous aimons parce que Dieu lui-même nous a aimés le premier.

20 Si quelqu'un dit : « J'aime Dieu », alors qu'il a de la haine contre son frère, c'est un menteur. En effet, celui qui n'aime pas son frère, qu'il voit, est incapable d'aimer Dieu, qu'il ne voit pas.

21 Et voici le commandement que nous avons reçu de lui : celui qui aime Dieu, qu'il aime aussi son frère.

Jean, chapitre15, versets 7 à 17

07 Si vous demeurez en moi, et que mes paroles demeurent en vous, demandez tout ce que vous voudrez, et vous l'obtiendrez.

08 Ce qui fait la gloire de mon Père, c'est que vous donniez beaucoup de fruits : ainsi, vous serez pour moi des disciples.

09 Comme le Père m'a aimé, moi aussi je vous ai aimés. Demeurez dans mon amour.

10 Si vous êtes fidèles à mes commandements, vous demeurerez dans mon amour, comme moi, j'ai gardé fidèlement les commandements de mon Père, et je demeure dans son amour.

11 Je vous ai dit cela pour que ma joie soit en vous, et que vous soyez comblés de joie.

12 Mon commandement, le voici : Aimez-vous les uns les autres comme je vous ai aimés.

13 Il n'y a pas de plus grand amour que de donner sa vie pour ses amis.

14 Vous êtes mes amis si vous faites ce que je vous commande.

15 Je ne vous appelle plus serviteurs, car le serviteur ignore ce que veut faire son maître ; maintenant, je vous appelle mes amis, car tout ce que j'ai appris de mon Père, je vous l'ai fait connaître.

16 Ce n'est pas vous qui m'avez choisi, c'est moi qui vous ai choisis et établis afin que vous partiez, que vous donniez du fruit, et que votre fruit demeure. Alors, tout ce que vous demanderez au Père en mon nom, il vous l'accordera.

17 Ce que je vous commande, c'est de vous aimer les uns les autres

Gestion belle-mère

Votre belle-mère est excitée comme une puce et commence à s'immiscer partout et en tout, limite si elle ne dort pas avec vous et votre conjoint(e) pour être sûre que tout se passe bien. Vous avez de plus en plus envie de la tuer ? C'est normal !! Et n'oubliez jamais que c'est parce qu'elle vous aime qu'elle fait tout ça.

Bon ok, aussi parce qu'elle est hyper envahissante de nature...

Parce que votre mariage n'est pas un mariage comme les autres, nous avons pensé qu'il fallait décaler de façon rigolote les codes habituels du mariage, de façon à occuper un maximum votre belle-mère pour qu'elle vous lâche la grappe ! Alors, un seul conseil, à la place du riz à la sortie de la mairie, privilégiez le popcorn !

Ainsi, c'est belle-Maman qui préparera les kilotonnes de popcorn esthétiquement réparti en petits paquets plastifiés... Salé ou sucré, ça la tiendra occupée pendant 3 jours avant la cérémonie et, en plus d'avoir la paix, vous aurez des grains de maïs gonflés qui s'échoueront délicatement dans votre décolleté ou sur votre nœud pap, plus funky et plus doux que les petits grains blancs (qui laissent potentiellement des cicatrices indélibiles sur le front, quand un neveu hyperactif lance une poignée un peu trop violemment...).

Bons plans

Karaoké chinois

China Town Belleville

27 rue Buisson Saint Louis
75010 Paris
www.restaurant-chinatown-belleville.fr/

Tarif : entre 20 et 25 euros selon le nombre de personnes.

Cabane marseille

« À Fleur De Bois »

Claudie Giovansili
Chemin de la Ribassière
13190 - Allauch (France)
06 20 13 90 26

Ou

Cabaret sauvage

211, Avenue Jean Jaurès
75019 Paris
01 42 09 03 09
cabaret@cabaretsauvage.com

Capacité d'accueil :

- dîner assis : 390 personnes
- cocktail : 800 à1 200 personnes

LA RÉCEPTION

**Bravoooo ! Si vous en êtes à ce chapitre,
c'est que la date approche et que
vous avez résisté aux tempêtes,
aux crises de nerfs, aux contrariétés…
Et si vous lisez cette introduction
en culpabilisant parce que
vous avez fait vivre l'enfer à votre fiancé(e)
encore hier soir pour un problème de......
(placer ici le nom de n'importe quel
détail logistique qui a pris
des ampleurs phénoménales parce que
vous êtes fatigué(e)),
ne vous en faites pas,
vous y êtes bientôt ! Hiiiiiiii !**

Le D-day

Le moment-clé pointe son nez. Après l'avoir, fantasmer, rêver, annoncer et organiser maintenant il faut réceptionner. Choisissez bien votre moment mais surtout le lieu où se déroulera la fiesta car de là dépendra tout le ton de la cérémonie. Lisez ce qui suit pour réaliser le mariage de vos rêves à votre image.

Un lieu… une ambiance

Du choix du lieu dépend toute la cérémonie ainsi que les moindres petits détails déco, tenues, faire-parts etc. Posez-vous les bonnes questions avant de vous décider. Quelle style aimez-vous ? Quelle ambiance voulez-vous ? Combien de personnes sont invitées ?

dans une usine désaffectée

Ambiance grunge pas désagréable, loft aménagé ou ancienne miroiterie, c'est bizarre mais ça peut être beau !

Si si pourquoi pas !

dans les bois

Pour une envie de pique nique champêtre et de paniers en osiers qui renferment de la citronnade fraîche.

Hey ! Retournez-vous !
C'est pas Marcel Pagnol
derrière Oncle Martin ?

sur la place de votre village

Eh oui ! On y organise bien des manifestations, pourquoi pas un mariage ? Lumières de bal et orchestre à moustache, des accordéons et des petits ballons de rouge pour tout le monde, bretelles obligatoires !

Oh ce serait pas le Jeannot là-bas ?!

dans un décor de film

Mobilier 70's et moquette orange ! Musique d'époque et ambiance détendue ! Attention néanmoins, car le plat in-con-tour-nable des mariages de cette époque était : la langue de bœuf sauce madère.

Vous avez le droit de faire
comme si vous n'aviez pas lu
cette information.

Salle des fêtes

Vous aimez les ambiances conviviales lampions/chaises-en-plastique-néons, et vous avez une promo sur les boules à facettes... Vive les salles des fêtes de province !

Disco

Étant donné que vos amis rivalisent avec le défilé du Carnaval de Rio en termes d'extravagance, de couleurs et de volume sonore quand ils se déplacent, mieux vaut trouver un lieu fait pour les fêtards avec option soirée mousse. Il vous suffit de trouver LA boîte gay du coin, avec Apollons en marbre et fontaine romaine phosphorescente, et de privatiser !

Ferme

Quoi de plus beau qu'une vieille ferme avec hangar à brebis bio ? Vérifiez quand même qu'il y a l'eau courante et l'électricité autrement que par générateur à piles hein !

Manoir

Prêts pour enfin mettre du gros son dans le manoir familial qui date du XVIIe siècle ? Faites quand même attention aux infrabasses si les lustres sont d'époque, à moins que ce ne soit une stratégie pour vous débarrasser définitivement de Grand-Maman, mais dans ce cas-là, faites attention à lancer le tube de David Guetta au bon moment, histoire de ne pas assassiner votre conjoint(e) !

Sud

Vous faites partie des invisibles ? Ce que vous aimez, ce sont les traditions, à savoir : trouver un mas encore plus classe que celui de votre petite sœur, qui s'est mariée avant vous alors qu'elle a 6 ans de moins.

Bitch !

Les grandes tentures blanches, le champ d'oliviers, la piscine vue sur le coucher de soleil rosissant la montagne Sainte Victoire, c'est votre truc... Foncez ! Faites-vous le mariage hétéro (mais gay) du siècle !

Urbain

On a compris que vous aimiez ce qui est minimal et graphique... Mais n'oubliez quand même pas de louer quelques chaises pour les cartes vermeil, ils ne tiendront pas le coup sinon !

La déco

Fleurie ? Jungle ? Blanc pureté ? Rose pailleté ?... Votre décoration doit vous être aussi confortable que des chaussons/chaussettes, mais en plus beau. N'hésitez pas à sortir des sentiers battus, à faire simple, à faire ce qui vous fait vraiment vous sentir bien ; l'ambiance participe beaucoup à la réussite d'une journée de mariage. En ce sens, voici quelques pistes qui vous donneront sûrement envie !

origami

Est-ce que vous connaissez l'origami ? Oui, vous savez sûrement que ça vient des pays loin là-bas et que c'est ennuyeux et contraignant à faire. Mais pensez-y ! Si vous n'aimez pas les dragées, (41 % des français trouvent que les dragées c'est dégueu), vous pouvez opter pour des décos de table en forme de choses mignonnes. Faites par exemple des cœurs en origami, *So chic !* et discret. Ou alors des cygnes, car les cygnes s'aiment à vie. Imaginez-les, sur des tables épurées avec vos flûtes à champagne qui brillent, c'est si beau !

C'est un faux chiffre. N'allez pas vérifier sur les forums AuFéminin.com.

vintage

Rêvez plus loin ! Pourquoi pas une déco vintage, avec des gramophones comme à la Belle Époque, des menus imprimés sur du papier kraft, des fleurs en guirlande et une balle de foin pour faire vraiment comme si ?!

romantique

Dans la même idée, vous pouvez imaginer un mariage très Jane Austen. Romantique à souhait, avec des napperons blanc cassé disposés sur les tables et des bouquets de roses pastel.

feng shui

Une petite musique douce et un coin spécial enfants, c'est important, car les enfants aiment dégommer la déco.

Mais ils sont si choubidoux qu'on leur pardonne tout.

Pensez aux fleurs

Attention, les lys ça tache...
Attention aux tournesols, ça donne rarement l'effet recherché... à moins qu'il y en ait vraiment beaucoup...
Les roses c'est beau, mais c'est cher...
Les bouquets composés, il faut que ça soit bien fait...

Organiser sa journée

Il y a quelques manières stratégiques d'organiser votre journée de mariage.

petit budget

Lisez ce texte si votre budget est restreint et/ou que vous culpabilisez de ne pas inviter le monde entier à votre mariage.

Faites le test : est-ce que par exemple vous vous en voulez de ne pas inviter la belle-sœur de l'ancienne meilleure amie de votre mère ? Si la réponse est OUI, ce paragraphe vous intéresse.

Vous pouvez scinder votre cérémonie en deux.

Comment faire

- Après vous être dit « oui », emmenez tous vos invités vers **un vin d'honneur** en sortant de la mairie (dans un bar attenant ou dans une salle à côté de ladite mairie, car vous avez du champagne dans des glacières tapies dans votre coffre).

Vous avez fait ça ?
On vous adore, vous êtes parfaits.

- Ensuite, vos invités PROCHES vous suivent pour le reste de la fête.

Note pour plus tard

Précisez clairement sur le carton que l'invitation pour la catégorie 1 concerne uniquement le vin d'honneur, et ARRÊTEZ DE CULPABILISER de ne pas les avoir invités à la réception.
Ça fait 15 ans que vous n'aviez pas vu Adrienne et Rémi ! Ça va maintenant ! De toute façon, si vous flanchez et que vous les invitez en dernière instance à la réception, il manquera du saumon. Et personne n'a envie de ça !

Pour info, c'est sur le carton d'invitation qu'il faut scinder les deux équipes :

catégorie 1	catégorie 2
« vous êtes invité(e)s à la mairie et au vin d'honneur ! »	« vous êtes invité(e)s à la mairie et à la réception qui se trouvera… »

envie de fête

Si vous voulez faire plaisir à votre famille puis faire la fête avec vos copains, **mariez-vous le matin**.

Après la cérémonie civile, emmenez toute la fine équipe de vos invités déjeuner dans un endroit sympa, puis préparez-vous pour une réception entre amis.

Comment faire ?

Même méthode que précédemment, deux cartons d'invitation différents :

catégorie 1	catégorie 2
« nous vous invitons à venir nous marier à la mairie puis à partager notre premier repas de mariés au restaurant/ à l'auberge/au refuge… »	« nous vous invitons à venir faire la fête pour notre mariage à partir de 20 h chez nous/ dans ce club/ dans ce bar/ dans cette estafette… »

Note pour plus tard

Cette solution est efficace si vous avez un nombre raisonnable d'invités pour déjeuner et que vos familles sont sympas, sinon ils vont faire la trombine que vous les « abandonniez » après le déjeuner.

Respectez vos spécialités locales

Souvent, les mariés veulent que leurs centres d'intérêt soient reflétés lors de leur Grand Jour. C'est ainsi que l'on peut se retrouver à un mariage à Rambouillet sur le thème de la Savane. Problème, ça n'est jamais réussi parce qu'on finit avec des tentures orange et des peluches lion sur les tables. Nous vous conseillons donc de laisser tomber ces lubies pour vous poser une seule vraie question : quel est votre attachement à vos origines ?

En y répondant, vous pourrez préciser votre thème, votre menu, votre ambiance. Par exemple :

- Si vous êtes Berrichon(ne), vous êtes peut-être sensible aux sorcières et à la verdure ?

- Si vous avez grandi parmi les forains, pourquoi ne pas ornementer votre salle de réception de guirlandes et de petits stands de pêche aux canards ?

- Vous avez été élevé(e)s dans une communauté et n'avez pas fait un rejet de ce milieu en devenant agent du fisc ? Parfumez votre lieu de réception de papier d'Arménie et optez pour un dress code baba au Love !

vous êtes Corse ?

Un mariage, ça doit être un moment où on s'affirme, où on est vraiment soi-même ! Votre passion c'est de poser des bombes pour que votre île accède à son autonomie ? Une chance ! Certaines régions corses semblent jumelées avec le Texas : le port d'arme y est autorisé !

Attention

Soyez prudents quant aux traditions dangereuses comme la course à dos de taureaux ou l'hypnose de vipères (très courant dans les Cévennes), ou alors ça sera un mariage sans alcool.
C'est vous qui voyez !

vous êtes Breton(ne)s ?

Si vous vous mariez au Cap Frehel, choisissez un photographe local habitué aux changements de climat intempestifs de Bretagne ! Un photographe novice, fasciné par les falaises, vous demandera forcément de poser tout près du bord... et même si votre père est marin à la retraite, pensez qu'une robe meringue, ça flotte moins longtemps qu'un gilet de sauvetage !

!!
IL EST À MOI !

Le plan de table

Dresser un plan de table, c'est comme construire un avion tout seul en deux semaines. C'est pourquoi nous vous livrons ici quelques suggestions pour faciliter l'agencement des personnes, selon les profils de vos invités, et leur ouverture d'esprit, sans oublier les secrets de famille.

le plan de table par affinités

Tout le monde s'aime bien. Il n'y a pas de gros problèmes d'héritage ou de qui a couché avec qui dans vos familles, alors c'est parfait.

À utiliser

Si vos cousins s'adorent et se donnent des surnoms que personne ne comprend depuis qu'ils ont 4 ans. Si votre bande de potes n'est pas sujette à histoires de coucheries et que vos parents s'occupent depuis toujours de gérer Tante Violette, qui devient agressive lorsqu'elle mange trop de dessert.

le plan de table par famille

Ils ne se voient pas souvent, ils sont contents de se retrouver et ont une petite tendance à l'exclusivité, vous avez le plan parfait.

À utiliser

Si les Marker (famille de votre mère) détestent les Hopper (celle de papa) parce que soi-disant ils sont de la lignée de Victor Hugo et qu'ils se la racontent. Si vous avez compris que votre belle-famille aurait toujours ce petit sourire condescendant face aux oncles de votre chéri(e), tout ça parce qu'ils ne possèdent même pas une petite résidence secondaire.

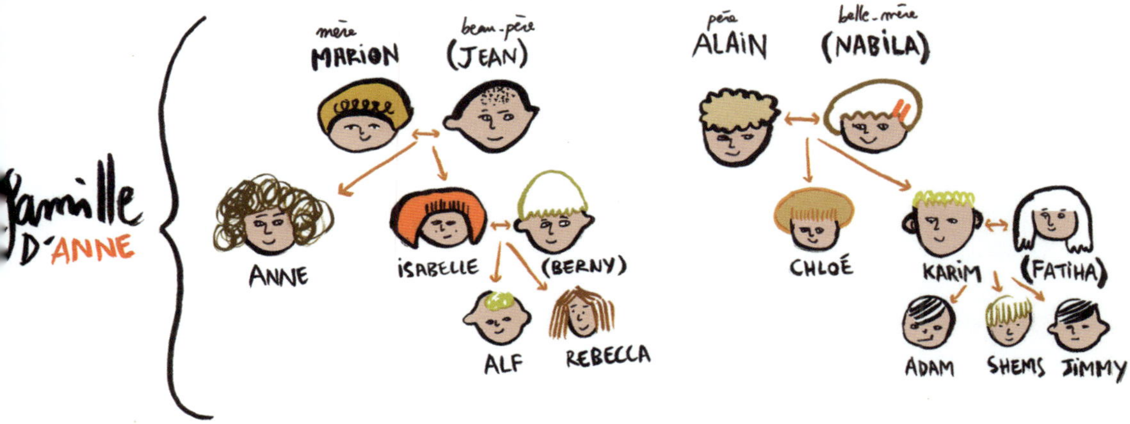
famille D'ANNE
mère
MARION
beau-père
(JEAN)
père
ALAIN
belle-mère
(NABILA)
ANNE
ISABELLE
(BERNY)
ALF
REBECCA
CHLOÉ
KARIM
(FATIHA)
ADAM
SHEMS
JIMMY

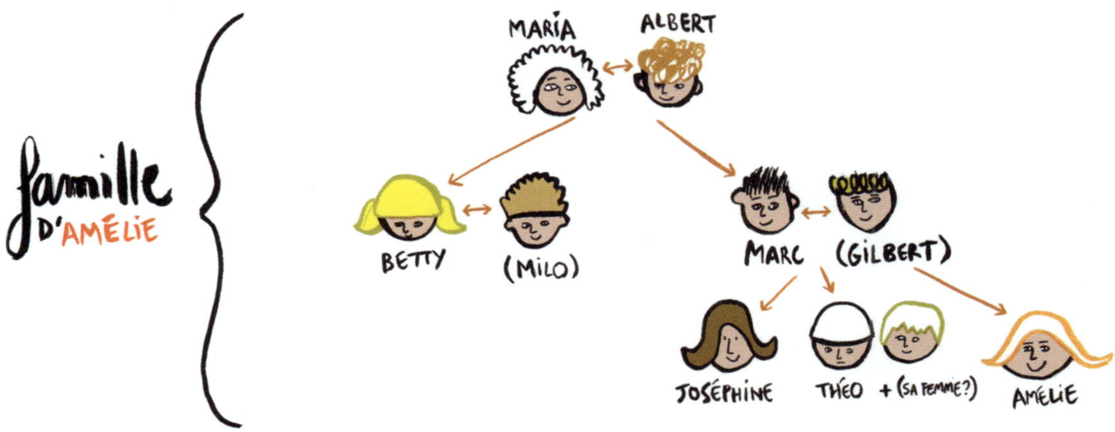
famille D'AMÉLIE
MARIA
ALBERT
BETTY
(MILO)
MARC
(GILBERT)
JOSÉPHINE
THÉO
+ (SA FEMME?)
AMÉLIE

le plan de table « qui voudrait coucher avec qui ? »

Tout est dans le titre. S'il fallait préciser quelque chose, ça serait peut-être : soyez réaliste, au moins un minimum, dans ce plan-là.

À utiliser

Si vous avez des membres de votre famille romantiques, ou qui n'ont pas encore fait leur coming out, ou alors qui sont très timides.

On va à des mariages pour revoir d'anciennes amours ou pour trouver l'amour. Il faut en profiter pour créer les étincelles.

le plan de table « qui a couché avec qui ? »

« Dallllaaaaas, ton univers impitoy(plan-de-t)aaaable. »

C'est fou comme on peut être surpris d'apprendre des secrets de famille.

N'est-ce pas ?

À utiliser

Si on vous a raconté (et que vous avez digéré) les secrets de famille. Par exemple, si votre mère a couché avec quelqu'un d'autre que votre père, vous pourriez éviter que cet autre soit à votre mariage. Ou alors si votre oncle célibataire « adore les enfants », veillez à le placer loin, mais alors loin, de la table des petits.

– C'est glauque !
– Mais ça existe !
– Donc il faut l'évoquer.
– On est là pour ça.

le plan de table mariage arabe

« De la traversée du désert au bon couscous de Yema » comme aurait dit le 113.

Considérez l'option, si vous avez plus de 300 invités et que c'est aussi compliqué que le monde de Narnia dans vos têtes.

À utiliser

Si vous n'êtes plus à ça près. Votre famille est déjà au bout du rouleau parce que vous vous mariez avec quelqu'un du même sexe que vous, et en plus, vous séparez hommes et femmes parce que 1) c'était plus simple, 2) c'est vous qui décidez, 3) c'est plus facile d'être en confiance avec sa table pour se raconter des ragots.

le plan de table par couleur de cheveux

Oh ! ça va ! On propose vous disposez !

À utiliser

Si vous n'êtes pas Irlandais, soit à 99 % roux, sans quoi votre initiative passera complètement inaperçue.

Le non plan de table

Cette solution nous paraît totalement utopique, mais nous ne voulons pas vous entraîner dans notre typhon de cynisme.

Alors bisous !

À utiliser

Si vos familles sont en harmonie. Le fait que tout le monde puisse se placer au gré du vent signifie qu'ils pourront tous changer de place sans se faire juger, aller de table en table dire : « C'est mon verre ça ? » Bref, tout ce qu'on attend d'un mariage réussi en somme.

PLACER FATIMA / NABILA
ÇA VA
ET DE
MILO
BETTY
FATIMA*
ALAIN
mère-fils OEDIPE depuis 35 ANS!
JALOUX
mais ils savent se tenir.
THÉO
♀ DE THÉO? ***
JOSÉPHINE
TÉMOIN 2
TÉMOIN 1
Qui sait?
AMÉLIE
ANNE
MARION
JEAN
DONC ALAIN ET FATIMA
SONT JUSTE À CÔTÉ
ON AMIS
LE BEAU PÈRE D'ANNE
PARCE QUE FATIMA*
LA NOUVELLE FEMME D'ALAIN
EST TRÈS JALOUSE

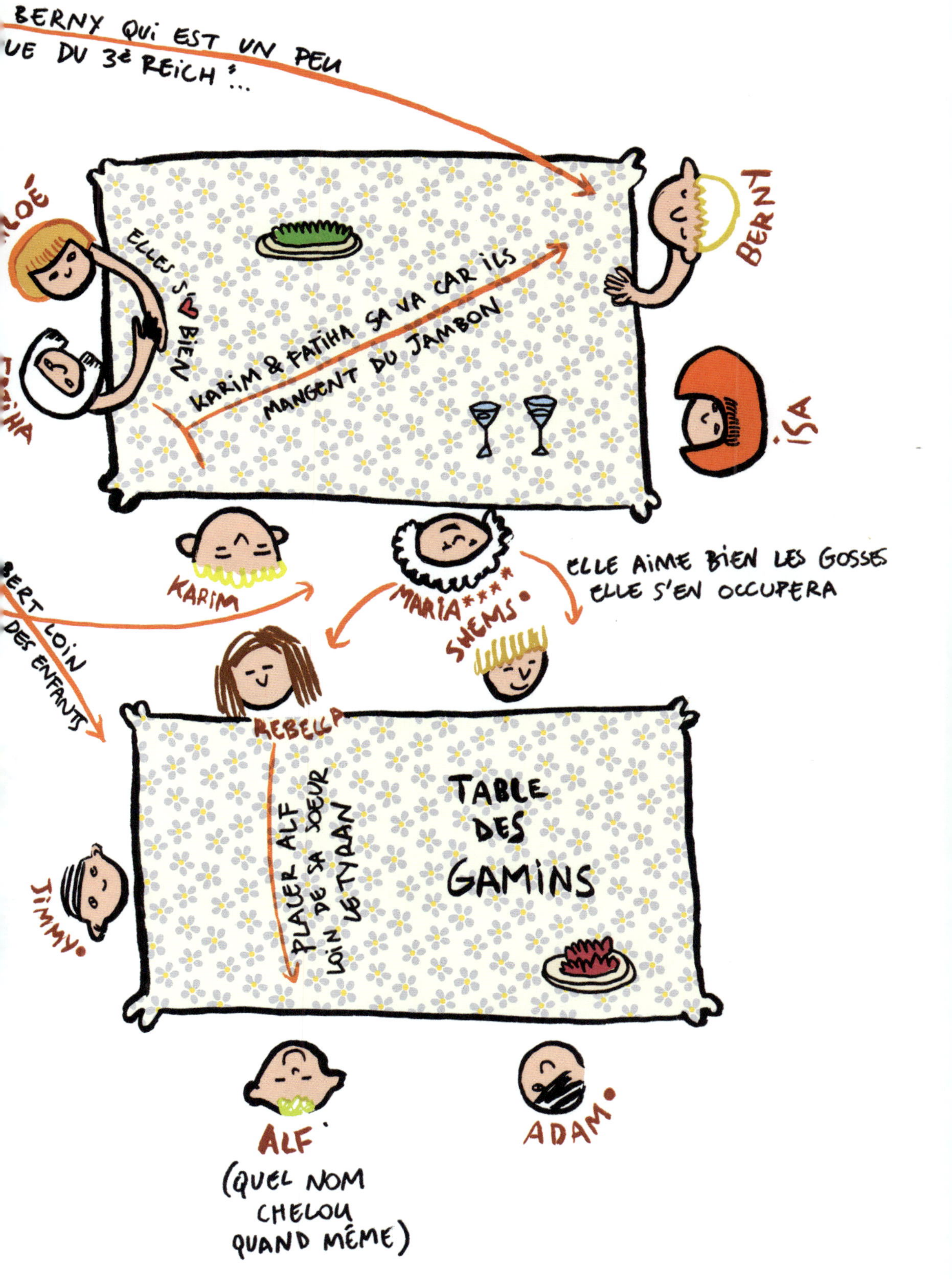
BERNY QUI EST UN PEU
UE DU 3E REICH :...
LOÉ
ELLES S'♥ BIEN
KARIM & FATIHA ÇA VA CAR ILS MANGENT DU JAMBON
BERNY
ISA
KARIM
MARIA*
SHEMS
ELLE AIME BIEN LES GOSSES
ELLE S'EN OCCUPERA
BERT LOIN DES ENFANTS
REBECCA
PLACER ALF LOIN DE SA SOEUR LE TYRAN
TABLE DES GAMINS
JIMMY
ALF
(QUEL NOM CHELOU QUAND MÊME)
ADAM

Les demoiselles ou damoiseaux d'honneur

Comme son nom l'indique, les demoiselles ou damoiseaux d'honneur sont des potes que vous avez envie de mettre en avant lors de votre mariage.

quoi

Ils seront à la fois votre garde rapprochée, et présenteront bien sur les photos parce qu'ils sont tous habillés pareil et que c'est joli.

qui ?

Souvent, en France, on se sert des enfants pour officier dans ce rôle. Vous faites comme vous voulez. Si on peut se permettre, d'une ils ne s'en rappelleront pas et de deux, ils vont grandir donc autant choisir quelqu'un qui a déjà fini sa croissance... il/elle pourra remettre sa tenue d'honneur un soir pour se la raconter à un vernissage.

comment ?

Choisir ses gens d'honneur, c'est un peu la récréation du mariage.

- On fait une liste sur laquelle on écrit les + et les – des gens à qui on pense.

Une liste qu'on détruit soigneusement ensuite, pour que personne n'apprenne de choses compromettantes sur les selectionnés.

- On les appelle, on pleure un peu ensemble, car c'est une bonne nouvelle.

Pas satin pa par pit

- On choisit une tenue, et ensuite ils seront là à sourire pour nous tout au long de la journée

Note pour plus tard

Veillez à bien choisir la tenue. Ce qui est rigolo 5 minutes, peut pour toute une journée devenir relou, voire faire peur. Par exemple, le zentai d'honneur à paillettes pour 8 personnes

LA RÉCEPTION

Les mariachettes d'honneur essaient de dire "queso!", tout en souriant.

L'animation

L'animation d'un mariage, c'est souvent ce dont on se souvient en premier quand on se remémore la denrière cérémonie à laquelle on a assistée.
C'est aussi le moment de l'angoisse pour les mariés et d'audace pour les invités qui se lancent dans l'énoncé de beaux discours, prennent le micro pour chanter une de leur création ou demandent aux DJ LA chanson de votre honte.
Pour éviter ces moments drôles mais gênants suivez nos conseils pour les aiguiller au mieux.

Le discours

Vous avez tous vu un jour un film américain dans lequel le discours se transformait en cauchemar pour les mariés ? Rassurez-vous, ça n'arrive pas en vrai. Cependant, si cela vous tient à cœur, si vous avez un(e) ami(e) qui est drôle, fin(e) et qui vous connaît bien, vous pouvez lui demander de déclamer le plus émouvant discours de toute l'histoire. Et là, donnez le guide à l'intéressé(e), afin qu'il/elle lise ce qui suit :

Quoique ?!

un beau discours, c'est quoi ?

- L'extrait d'une **lettre** que le/la marié a écrit.

- Des **souvenirs** racontés.

Attention, il ne faut pas que ça soit trop lourd ni trop long, à moins que ça soit vraiment bien raconté,auquel cas vous êtes humoriste, et on vous fait un bisou.

- « La **chanson** » des amoureux. CELLE qui les fait chavirer tous les deux.

- Ou tout simplement un **texte** que vous avez écrit et dont vous savez qu'il touchera les marié(e)s.

un beau discours, comment ça se gère ?

Surtout, briefez les intervenants pour éviter les gaffes !

- Dites à la personne qui fera un discours d'éviter les souvenirs gênants, même s'ils sont rigolos !

On vous l'a déjà dit, mais par précaution un gay averti en vaut deux.

- D'éviter l'évocation des attouchements par le moniteur de colo en 1996 (exemple : « Tu t'en es bien sorti(e), et pourtant ce n'était pas gagné avec Jean-Paul dans les vestiaires, qui n'arrêtait pas de... » etc.).

Hum, hum...
C'est NON !

- D'oublier le passage sur les détails corporels qui pourraient mettre mal à l'aise (exemple : « Je la connais si bien que je pourrais reconnaître son grain de beauté d'entre les cuisses entre mille. »).

- D'oublier le chapitre sur les ex ou les problèmes passés avec le/la marié(e), parce qu' il est possible qu' il/elle se trouve dans la salle.

Ça pourrait être gênant

point final pour réussir le discours

Mettez votre grand-mère grabataire assez loin, car les vieux ne voient plus rien de près, et elle pourrait croire que votre petite amie est un homme à cause de son costume. Mamy a beau être géniale, ça fait beaucoup d'infos en une journée pour une personne qui a sûrement vu son mari deux fois avec chaperons avant de l'épouser.

Conseil avisé

Si vous vous entendez bien avec votre mère, demandez-lui de faire le discours, tout le monde sera ému et ça sera beau.

Morceaux choisis

Si on vous fait le coup de la panne sèche d'inspiration pour le discours, mettez ce guide entre les mains du prédisposé au discours. On vous propose un petit pot pourri d'extraits de textes bien sentis.

si votre marié(e) a été longtemps « à voile et à vapeur »

Voici un joli texte de la chanteuse Mannick, qui a écrit une très belle chanson avec métaphore des amoureux en tant que bateaux.

N'allez pas googler son nom sur Internet, ses pochettes ont vraiment mal vieilli.

La lecture pourra faire sourire, si le sujet n'est pas trop « touchy », et n'en sera pas moins émouvante :

Je connais des bateaux

Je connais des bateaux qui restent dans le port.
De peur que les courants les entraînent trop fort.
Je connais des bateaux qui rouillent dans le port.
À ne jamais risquer une voile au-dehors.
Je connais des bateaux qui oublient de partir.
Ils ont peur de la mer à force de vieillir.
Et les vagues, jamais, ne les ont séparés.
Leur voyage est fini avant de commencer.
Je connais des bateaux tellement enchaînés.
...

si vous êtes dans la catégorie « queer »...

... ou si vous avez envie de vous y glisser pour un instant, n'hésitez pas à organiser un duo avec la famille et les amis proches des marié(e)s et de leur chanter à plusieurs *Aimer* de la comédie musicale *Roméo et Juliette* (avec un couple de filles solistes qui chantent les deux premiers couplets, l'une jouant Roméo, l'autre Juliette, puis le refrain tous ensemble, et idem pour les garçons aux seconds couplets...).

On vous remet quelques paroles juste pour le plaisir, sachez que l'avantage de cette chanson, c'est que même si on la chante faux, c'est quand même émouvant :

Refrain : Roméo et Juliette + chœurs

Aimer c'est ce qu'y a d'plus beau
Aimer c'est monter si haut
Et toucher les ailes des oiseaux
Aimer c'est ce qu'y a d'plus beau

Roméo

Aimer c'est voler le temps
Aimer c'est rester vivant
Et brûler au cœur d'un volcan
Aimer c'est c'qu'y a de plus grand

Juliette

Aimer c'est plus fort que tout
Donner le meilleur de nous
Aimer et sentir son cœur
Aimer pour avoir moins peur

...

si vous voulez touché le cœur de votre bien-aimé

Plus sérieusement, voici quelques suggestions de très-beaux-poèmes à lire à votre amour au moment des discours...

Pas-trop-longs-à-lire-et-simples-à-comprendre-même-si-on-est-déjà-soûls.

Nous dormirons ensemble

Que ce soit dimanche ou lundi
Soir ou matin minuit midi
Dans l'enfer ou le paradis
Les amours aux amours ressemblent
C'était hier que je t'ai dit
Nous dormirons ensemble
...

Aragon

Je vivais sans coeur...

Je vivais sans cœur, tu vivais sans flamme, Incomplets, mais faits pour un sort plus beau ; Tu pris de mes sens, je pris de ton âme, Et tous deux ainsi nous nous partageâmes : Mais c'est toi qui fis le meilleur cadeau ! Oui ! c'est toi, merci...

Barbey d'aurevilly

conclusion

Le mieux, selon nous, étant d'écrire quelque chose vous-même, en vous inspirant de vos souvenirs avec votre chéri(e). Pas besoin d'être un grand poète ! Ce qui compte c'est d'être sincère et ému(e) par ce que vous dites, même si vous faites des fautes de français au subjonctif !

Au moins, comme ça, vous êtes sûr(e) que votre ex, jaloux(se), ne lira pas exprès le même poème de Ronsart à son propre mariage, pour vous emmerder...

L'animation musicale

Rater sa sélection musicale pour sa soirée de mariage, c'est comme servir du vin bouchonné pendant le dîner ou louer une salle des fêtes sans chauffage au mois de décembre à Tourcoing : c'est pas très grave, mais ça gâche quand même la fête !

coachez votre DJ

Les DJ ont souvent leur propre vision de « ce qui met le feu à la piste », et vous ne serez pas forcément tout à fait de leur avis s'ils vous sortent l'intégrale d'Annie Cordy remixé par DJ Carr'ouf.

L'idéal est donc de se concerter avec lui avant la soirée ou de lui envoyer votre « TOP 50 » des chansons que vous aimeriez entendre, ça lui donnera une idée précise de ce qui vous fait vous trémousser, et il pourra ensuite s'inspirer de votre playlist pour établir la sienne.

le DJ c'est vous

Chaque homosexuel connaît au moins 5 DJ ! Nul besoin de contacter l'animateur du coin pour qu'il nous casse les oreilles avec du Émile & Image ou du Gilbert Montagné. Si vous vivez dans une campagne reculée et que vous ne connaissez strictement personne capable de faire danser vos invités toute la nuit, voici quelques idées de titres et de playlists, à diffuser dans l'ordre que vous voulez selon l'humeur du moment. Ruez-vous sur n'importe quelle plateforme de téléchargement (légal, bien sûr) et investissez sur ces perles indispensables à tout mariage homo réussi !

Conseil

Les playlists que nous vous avons conctées sont utiles aussi pour ceux qui disent toujours en boîte : « Ah ça j'adore, mais je me souviens jamais du nom ! » et qui confondent Rihanna et Lady Gaga, ou Texas et Alanis Morissette (dans les deux cas, évitez, même si vous êtes lesbiennes dans un ranch en Normandie).

SPECIALS

la playlist « gay only »

Pour tous ceux qui en ont marre des chansons d'un homme pour une femme, ou l'inverse, alors que quand même y' a mieux à faire.

MEN *Credit Card Babies*
Peaches *Talk to Me*
Pet Shop Boys *West End Girls*
Mika *Relax, Take it Easy*
Samantha Fox *Touch Me*
Ssion *Listen 2 the grrrls*
Catherine Lara *La Rockeuse de Diamant*
Fiodor Dream Dog *20 Push Ups for Mr. B*
Fischerspooner *Emerge*
Goldfrapp *Train*
Suzy Solidor *Obsession*
Dead or Alive *You Spin Me Round (Like a Record)*

Ms. Jones *How I Met Your Mother*
Tracy Chapman *Baby Can I Hold You*
Chavela Vargas *Piensa en mi*
Frank Ocean *Thinking Bout You*
Tender Forever *My Love*
Hercules and Love Affair *Blind*
Softcell *Tainted Love*
Erasure *Oh L'amour*
Little Richard *Long Tall Sally*
Riton *Killing an Arab*
La Prohibida *Flash*
Sam Sparro *Happiness* (The Magician Remix)
Village People *YMCA*
Dick Annegarn *Ubu*

Charles Trenet *Douce France*
George Michael *Faith*
Elton John *I'm Still Standing*
Scissor Sisters *I Don't Feel Like Dancin'*
Gossip *Heavy Cross*
Bronski Beat *Smalltown Boy*
The Smiths *This Charming Man*
Luis Mariano *Rossignol*
Queen *I Want to Break Free*

Le Tigre *I'm So Excited*
Dorothée *Hou ! La menteuse*
REM *Losing My Religion*
David Courtin *Bombasse*
Placebo *Every You Every Me*
Patrick Juvet *Où sont les femmes ?*
Almodovar & McNamara *Voy a ser mama*
Oshen *En miettes*
Moby *Natural Blue*
Sexy Sushi *Sex Appeal*
Rufus Wainwright *Going to a Town*
Culture Club *Love is Love*
Ricky Martin *Volveras*
Woodkid *Iron*

Jean-Claude Pascal *Nous les amoureux*
Bloc Party *Banquet*
Dusty Springfield *Wishin' And Hopin'*
John Travolta *Sandy*
Dave *Vanina*
Cazwell *I Seen Beyonce...*
Frankie Goes to Hollywood *Relax*
Micachu & The Shapes *Golden Phone*
CSS *City Grrrl*
Sinéad O'Connor *Nothing Compares 2 U*

la playlist « coming out »

Pour toux ceux qui adorent les chansons qui parlent de « qu'est-ce que ça fait à l'intérieur d'être homo ».

Mylène Farmer *Maman a tort*
Indochine *3e sexe*
Lily Allen *Fuck You*
Lady Gaga *Born This Way*
Elli & Jacno *Main dans la main*
Fabienne Thibeault *Ziggy*
Dalida *Depuis qu'il vient chez nous*
Mecano *Une femme avec une femme*
Néry *Barcelone un soir*
Zazie *Adam et Yves*
Les Wampas *Mon petit pédé*
Julien Doré *Homosexuel*
The Kinks *Lola*
Bruce Springsteen *Streets of Philadelphia*
Franz Ferdinand *Michael*
Tori Amos *Real Men*
Nat King Cole *Nature Boy*
Katy Perry *I Kissed a Girl*
Lou Reed *Walk on the Wild Side*
Tatu *All the Things She Said*
Juliette Gréco *Les Pingouins*

la playlist « quart d'heure hétéro »

Pour votre oncle J.-P. ou pour la grand-mère de votre chéri(e) toujours prête à se dandiner malgré sa hanche en plastique et ses 82 ans.

Qu'on se le dise, ça fait toujours plaisir.

Patrick Sébastien *Le Petit Bonhomme en mousse*
La Bande à Basile *La Chenille*
Carlos *Papayou*
La Compagnie Créole *Au bal masqué*
Francky Vincent *Fruit de la passion*
Mélanie Laurent *Papa*

la playlist branchée pour danser toute la nuit

Pour danser jusqu'au petit matin même sans avoir un container d'excitants.

Jenny Wilson *Let My Shoes Lead Me Forward*
Bitchee Bitchee *Ya Ya Ya Fuck Friend* (CSS Remix)
DatA *J'aime pas l'art*
LCD Soundsystem *Tribulations*
Christian S *The Power of Now*
Riton & Primary 1 *Radiates*
Rufus *This Summer* (JBAG Remix)
Vive la Fête *La Vérité*
La Roux *Quicksand*

Two Door Cinema Club *What You Know* (Mustang Remix)
Tiga *You Gonna Want Me*
I Monster *A Sucker for Your Sound*
Hot Chip *Flutes*
Madeon *Shuriken*
The Shoes *Let's Go*
Les Petits Pilous *Jolie Fille*
Sébastien Léger *Take Your Pills*
Lemaitre *Excuse Me*
Yelle *Que veux-tu*

Is Tropical *The Greeks*
AutoKratz *Stay the Same*
Calvin Harris *Stars Come Out*
Prince *Controversy*
Pyramid *The Race*
Kylie Minogue *Come Into my World* (Fischerspooner Remix)
Black Strobe *Me & Madonna* (The Twelves Remix)

Tepr *Minuit Jacuzzi*
Goose *British Mode*
Wave Machines *Keep the Lights On*
Luomo *If I Can't*
Penguin Prison *A Funny Thing*
The Presets *Girl and the Sea*
Santigold *L.E.S. Artistes*
Hey Today! *Guru Guro*
Sébastien Tellier *Divine*
Simian Mobile Disco *Bad Blood*
Étienne Daho *Le Grand Sommeil* (Sweetlight Remix)

WhoMadeWho *All That I Am*
MEN *Make It Reverse*
Will.i.am (feat. Britney Spears) *Scream & Shout*
The Amplifetes *Blinded by the Moonlight*
Apparatjik *Datascroller*
Feist *My Moon My Man* (Boys Noize Remix)
Carte Blanche *Gare du Nord*
Dizzee Rascal *Dance Wiv Me*
Le Corps Mince de Françoise *Something Golden*

Minitel Rose *Better Days, Pt. II*
Paul Mc Cartney *Temporary Secretary*
The Drums *Let's Go Surfing*
MSTRKRFT *The Looks*
Vitalic *Poney Pt. I*
Zombie Nation *Overshoot*
Brodinski *Hypnotize*
Renaissance Man *What Is Guru*
Modeselektor *Godspeed*
Jolie Chérie *Star*

Les jeux

Durant le vin d'honneur ou pour patienter entre les plats, rien de tel qu'une série de jeux pour mettre à l'aise les invités et leur permettre de faire plus ample connaissance. Voici quelques idées qui peuvent être réadaptées selon le degré de tolérance de vos convives. Vous pouvez faire plus soft, au risque que cela devienne ennuyeux, ou bien y aller à fond dans la trasherie, au risque de se mettre quelques personnes à dos. Le but est de se marrer tout en buvant des coups.

le jeu des minorités

Pour ce jeu, préparez au préalable une série d'ordres attachés à un numéro. Par exemple :

Ordre n° 1 : Que toutes les filles aux cheveux courts se lèvent.

Ordre n° 2 : Que tous les garcons aux yeux bleus se lèvent.

Ordre n° 3 : Que toutes les personnes portant des lentilles de contact se lèvent.

Ordre n° 4 : Que toutes les lesbiennes célibataires se lèvent.

Etc.

Imprimez ces fiches et distribuez-les à tous les invités, sauf aux marié(e)s. L'animateur énoncera le numéro de l'un des ordres. Par exemple : « Ordre numéro 3 ! »

Ainsi, chaque personne portant des lentilles de contact devra se lever et les marié(e)s devront trouver le point commun entre les personnes debout... Et ainsi de suite... Faites travailler votre imagination et, selon le degré de « choquabilité » des invité(e)s, imaginez des catégories plus sages ou plus folles. Le marié ou la mariée qui trouve la réponse le dernier boit un coup.

touche pas à mon ex

- Bandez les yeux des marié(e)s.

- Alignez autant d'ex-petit(e)s ami(e)s de l'un(e) et de l'autre.

- À tour de rôle, chaque époux(se) devra venir tâter le corps de ces personnes afin de tenter de reconnaître ses ex.

- À chaque mauvaise appréciation, le ou la perdante boit un coup.

Vous pouvez brouiller les pistes en incorporant quelques membres de la famille.

elle ou elle / lui ou lui

- Pour un couple de lesbiennes, préparez deux cartons sur lesquels sera inscrit « ELLE » au recto et « MOI » au verso. Pour un couple gay, « LUI » au recto et « MOI » au verso de chaque carton.

- On assied les deux marié(e)s dos à dos et les invités leur posent des questions. Par exemple : Qui prépare à manger ? Qui dort à gauche ? Qui a le plus d'ex ? Etc.

- À chaque réponse identique, les marié(e)s boivent un coup.

le jeu des 12 mois

Le but de ce jeu est d'offrir un peu de gaieté et de confort aux mariés durant leur première année de vie commune.

- Choisissez 12 personnes parmi les invités et installez-les sur 12 chaises mises en ligne.

- À votre signal, ils devront aller chercher le plus vite possible un objet dans la salle. Par exemple, demandez-leur de rapporter une salière (ou un morceau de papier toilette, un préservatif, un chargeur d'iPhone, etc.).

- Dès qu'ils se précipitent à la recherche de cet objet, vous retirez une chaise. La personne qui ne trouve plus de place à son retour est désignée perdante. Elle se voit donc attribuer un gage pour le mois qui suit le mariage (si le mariage a lieu en juillet, choisissez le gage du mois d'août) et ainsi de suite. Chaque perdant(e) doit également boire un coup.

- Continuez jusqu'à ce qu'il ne reste qu'une chaise. La dernière personne assise est l'heureu(se)x vainqueur. Il ou elle sera invité(e) à dîner par les mariés à la date de son choix et doit boire un coup immédiatement.

L'abus d'alcool est dangereux pour la santé. On nous a forcé à l'écrire...

Voici les gages pour chaque mois de l'année :

1. Janvier : Effectuer 3 heures de repassage chez les marié(e)s + ranger et plier bien soigneusement le linge dans les placards.

2. Février : Cuisiner un plat traditionnel et savoureux par semaine. Le livrer chez les marié(e)s, le jour de leur choix.

3. Mars : Passer l'aspirateur chez les marié(e)s, dans toutes les pièces + passer la serpillère.

4. Avril : Passer la soirée en discothèque avec les marié(e)s en ne buvant pas une goutte d'alcool + payer l'addition + payer le taxi qui ramène tout le monde ou reconduisez chacun chez soi

5. Mai : Laver la voiture des marié(e)s + lustrer le tableau de bord avec un produit spécial plastique + passer l'aspirateur sur le sol et les sièges + Ne pas oublier les enjoliveurs.

6. Juin : Nettoyer toutes les vitres chez les marié(e)s + passer l'aspirateur + vider le lave-vaisselle.

7. Juillet : Passer 1 fois par semaine chez les marié(e)s afin de nettoyer la cuisine, la salle de bain et les toilettes.

8. Août : Faire un massage aux marié(e)s + gommage + vider le lave-vaisselle

9. Septembre : 4 heures de bricolages chez les marié(e)s (fixation d'étagères, remplacements d'ampoules, réparations des fuites, etc...) + boire un coup.

10. Octobre : Faire les courses pour les marié(e)s, suivant une liste qu'ils ou elles auront établi au préalable + leur donner 20 euros en espèces.

11. Novembre : Préparer un dîner savoureux chez les marié(e)s pour eux et leurs invité(e)s + laver la vaisselle + nettoyer la cuisine.

12. Décembre : Masser les pieds des marié(e)s avec des huiles essentielles + sortir les poubelles.

Le lendemain

Est-ce qu'on peut commencer par vous féliciter ? BRAVO ! Tout s'est passé à merveille, vous avez dansé, vous avez ri et pleuré, c'était beau, c'était loin d'être beauf comme dans la plupart des mariages dont vous aviez le souvenir et qui vous faisaient redouter votre Grand Jour à vous.

Vous avez été merveilleux et surtout... VOUS-ÊTES-MARIÉ(E)S !!! Après avoir manifesté, lutté pour vos droits, construit une si belle relation avec la personne que vous aimez, organisé une cérémonie pendant des mois, avoir assuré toute la journée, vous avez le droit de vous détendre un peu.

Aujourd'hui, c'est casual. Les lendemains de mariage, on aime se retrouver pour débriefer en comité restreint, tout le monde est cool, car le coup de feu est passé.

l'organisation

Dans votre budget mariage, pensez au buffet/brunch/restes de la veille pour le lendemain. Déléguez l'organisation de la post-fête à quelqu'un qui aime prendre les choses en main (c'est moins important que votre mariage et ça donnera des responsabilités à quelqu'un que vous aimez bien).

ce à quoi il faut penser

Si c'est un buffet

Pensez bien :

- aux boissons (bière, vin, eau) ;
- aux couverts ;
- aux serviettes.

Ça paraît stupide, mais ça arrive souvent de les oublier !

S'il y a des jeunes, demandez-leur de mettre la main à la pâte pour le service !

Si c'est un brunch

Simplifiez-le !

Œufs durs, fruits, muesli, tartines, boissons chaudes et viennoiseries, ça fera bien l'affaire et c'est toujours super un lendemain de gueule de bois.

Comment ça, gueule de bois ?
Quelle gueule de bois ?

Oubliez le pique-nique

À moins que vous ne soyez vraiment en nombre réduit.

Aujourd'hui, ça vous paraît faisable, mais quand vous serez à J-2, faire une salade de riz pour trente vous semblera aussi simple que de grimper l'Anapurna sans les mains.

Gestion belle-mère

Votre belle-mère a eu beau vouloir se mêler de tout jusqu'au jour J, il ne faut pas oublier qu'elle a au moins une génération de plus sur les épaules. Résultat, le lendemain du mariage, elle est rincée !

Vous allez donc pouvoir souffler un peu et ne pas l'avoir dans les pattes puisqu'elle est assise dans un coin, son verre de chardonnay à la main, et les yeux dans le vague parce qu'elle se demande si elle a bien remballé ses bigoudis ce matin dans la chambre.

Bons plans

Ça se passe de commentaires...

LA LUNE DE MIEL

**Maintenant que vous avez débarrassé,
remercié tout le monde,
dormi un peu,
pleuré beaucoup,
fait un régime sans sel pendant six jours
parce qu'après douze heures debout
vous aviez les jambes
comme des mugs de voyage,
vous pouvez sauter dans tous les sens
et partir direction Tropiques
parce que comme dirait Britney[1] :
let's gooooo chillin' now !***

—

1 « Allons prendre du bon temps », mais en fait, on n'est pas sûrs que ça soit Britney, donc ne la ressortez pas.

Destinations idéales

Voici quelques idées de destinations incontournables pour un voyage de noces au cœur de l'action.

Il existe de nombreux pays de rêve, mais nous avons préféré, ici, vous proposer des endroits sûrs, où les homosexuels peuvent vivre leur amour au grand jour, sous le soleil.

Quelques adresses de destinations idéales

Antilles françaises

Hôtel Taïwana

Flamands, 97133
Saint-Barthélemy
French West Indies
+ 590 590 29 80 08
www.hoteltaiwana.com
reservation@hoteltaiwana.com

Hôtel Christopher

Pointe Milou F-97133
Saint-Barthélemy
French West Indies
+ 590 590 27 63 63
www.hotelchristopher.com
reservation@hotelchristopher.com

Plan cool

Arriver en bateau sur l'île de Saint-Barthélemy par une croisière gay friendly !
Les filles, choisissez OliviaTM
www.olivia.com
Quant à vous, les garçons, partez avec Alyson Adventures :
www.alysonadventures.com

Espagne

Hotel Los Globos

Avenida. Nuestra. Señora de Montserrat,
43 El Vinyet
08870 – Sitges
+(34) 93 894 93 74
www.hotellosglobos.com
info@hotellosglobos.com

Plan cool

2 événements majeurs ont lieu chaque année à Sitges. Le carnaval au mois de février et la Gay Sitges Pride, à la mi-juin.
http://www.gaysitgesguide.com
http://www.gaysitgespride.com

IFA Catarina Hotel

Avenida de Tirajana, 1
E-35100, Playa del Inglés
Gran Canaria
+ 34 928 762 812
http://www.ifahotels.com
catarina@ifahotels.com

Plan cool :

Pour un dépaysement total, traverser à pied ou à dos de chameau les dunes de Maspalomas (400 hectares), entre la station de Maspalomas et la Playa del Inglés. Une zone très appréciée des naturistes et de la communauté gay !

Office du tourisme de Gran Canaria

http://www.grancanaria.com

Canada

Alacoque

Bed & Breakfast Revolution
2091-2093 Saint Urbain, Montréal
Québec, Canada H2X-2N1
+1 (514) 842 0938
http://www.bbrevolution.com/fr/index.htm
info@bbrevolution.ca

Pour les petits budgets

Christian Alacoque vous accueille dans sa maison de caractère, en plein centre de Montréal. Les petits déjeuners sont servis sur la terrasse, autour d'une grande table qui permet de faire connaissance avec les résident(e)s.

Maison Des Jardins

Vous apprécierez la tranquillité et le confort de ce gîte situé dans un quartier paisible tout en étant au cœur de l'action. Hébergement professionnel au cœur du village gay de Montréal.

Gite/Bed & Breakfast
&1365 Logan, Montréal
Québec, Canada H2L-1X4
+1 (514) 598 7359
demande@maison-desjardins.ca
www.maison-desjardins.ca

Plan cool

Le festival Fierté, au mois d'août à Montréal.
Célébrant la riche et mouvementée histoire de sa population LGBT, le festival Fierté propose une programmation diversifiée qui comprend de nombreux spectacles musicaux en plein air, t-dance, soirées dansantes, pièces de théâtre, un volet sur la santé ainsi qu'un volet conférence. Le tout sous la thématique globale « Partagez la Fierté ».
www.celebrations-lgbta.org

Grèce : les îles Cyclades Grèce

On s'arrête principalement à Mykonos, pour profiter de ses plages, de sa folle vie nocturne et de son ambiance de fête permanente.

croisiere

La croisière Goudoupédés

800 passagers pour 10 jours de périple en Méditerranée et en Adriatique!

Activités à bord : des spectacles, des DJset, des soirées thématiques et costumées, un Sauna musical et des escales près des plus belles plages du Bassin Méditerranéen.

infos & réservations : http://www.attitude-travels.com/croisiere

top des plages gay en France :

Nord

- Berck sur mer (Pas-de-Calais)

Accès : depuis Berck, suivre « Nature Plage » jusqu'au lieu-dit Le Terminus.

Normandie

- Plage des Vaches Noires à Villers sur mer (Calvados)

Accès : Une fois sur la plage, prendre à gauche et marcher environ 500 mètres, jusqu'aux falaises et dépasser les gros rochers.

Bretagne-

- Plage de Plouharnel, presqu'île de Quiberon (Morbihan)

Accès : Depuis Plouharnel suivre Sainte Barbe, franchir la voie ferrée et prendre la direction de la plage à droite. La plage gay est sur la gauche.

Ouest

- Plage de la Raitrie à Pornic (Loire Atlantique)

Accès : Entre Pornic et Préfailles, prendre la D751 direction Sainte-Marie, la plage est ensuite indiquée sur la droite.

- Plage du Porge près de Lacanau (Gironde)

Accès : Au Porge-Océan, remonter 500 mètres vers le nord après le dernier parking et couper vers la plage à travers la dune. La plage est ensuite sur la gauche.

Sud

- Plage de l'Espiguette au Grau du Roi (Gard)

Accès : Au dernier parking (payant), sur la plage, prendre à gauche et marcher 15 minutes, les gays sont après les naturistes.

- Calanque de Sugiton à Cassis (Bouches-du-Rhône)

Accès : Depuis Marseille, au terminus du bus 21, prendre le GR98.

Ciudad
BANCO DE MEXICO
Durango
du Mexique
Acapulco
OCÉAN PACIFIQUE
MEXICO PARQUE ESTATAL
Oaxaca
Hierve

Lieux à éviter

N'oubliez pas qu'il est des endroits dans le monde où il n'est pas conseillé de partir en voyage de noces, pour la simple et bonne raison que l'homosexualité y est illégale.

Rien ne nous empêche, bien sûr, de visiter les pyramides d'Égypte, de traverser l'Inde à dos d'éléphant ou d'aller photographier les girafes en Ouganda. Il faut simplement savoir que l'homosexualité est passible de lourdes peines dans plus de 80 pays (allant de simples peines de prison, jusqu'à la peine de mort).

- Faites donc très attention avant de choisir votre destination.

- Vérifiez bien la législation en cours avant d'acheter vos billets d'avion.

- Faites en sorte de pouvoir passer un séjour agréable avec l'élu(e) de votre cœur et de revenir entier(e)s.

La liste des pays où l'homosexualité est passible de la peine capitale :

Arabie Saoudite ;
Iran ;
Mauritanie ;
Émirats arabes réunis
Pakistan ;
Nigeria ;
Somalie ;
Soudan et Yémen
etc.

Gestion belle-mère

On vous donne un ultime et tout dernier conseil.

Favorisez les endroits où ça ne capte pas pour éviter qu'elle appelle toutes les heures : « Ça va ? Ça se passe bieeeen mon chériii ??? »

LA LUNE DE MIEL

Bons plans

Rien que pour vous, voici nos best adresses et endroits pour une lune de miel idéale.

Principauté de comborcière

Seul hôtel gay-lesbien en Savoie, on y va l'été pour sa Rando-Gay-Pride des Montagnes, et l'hiver pour profiter de son Sauna et Storvatt aux pieds des pistes.

Florence, Princesse de Comborcière, vous réserve le meilleur accueil qui soit, chaleureux et convivial. Allez-y de notre part !

Infos & réservations : http://www.comborciere.com

Palazzo tre canali – Venise

Jean-Pierre Martinez et son ami Hedoire vous accueillent dans un ancien palais.

Ancien chanteur lyrique, Jean-Pierre peut, si vous voulez une lune de miel vraiment ultra méga romantique, vous réveiller depuis le rez-de-chaussée avec un air d'opéra.

trecandi@gmail.com
http://trecanali.martindautry.com

ANNEXES

**Chatounettes, chatounets,
Nous tenons à vous féliciter
personnellement.
Grâce à votre détermination,
à votre patience et à tata Violette
(qui a super aidé pendant toute la
préparation, personne ne s'y attendait !),
vous avez vécu LA journée parfaite à 98,9 %.
Vous avez assuré ! (Dora l'exploratrice dirait
« c'est gagné, we did it », mais si
vous n'avez pas cette référence,
ce n'est pas SI grave.)**

Anniversaires de mariage gay

1 an : Noces de raphia
2 ans : Noces de skaï
3 ans : Noces de plâtre
4 ans : Noces de Plexiglas®
5 ans : Noces de gingembre
6 ans : Noces de bluetooth
7 ans : Noces de karité
8 ans : Noces d'amiante
9 ans : Noces de tabac
10 ans : Noces de fonte
11 ans : Noces de Blu-ray
12 ans : Noces de lapin
13 ans : Noces de polyester
14 ans : Noces de chataîgne
15 ans : Noces d'acier
16 ans : Noces de glutamates
17 ans : Noces de gin-fizz
18 Ans : Noces de liège
19 ans : Noces d'acrylique
20 ans : Noces de marbre
21 ans : Noces d'huile de palme
22 ans : Noces de crocus
23 ans : Noces de soufre
25 ans : Noces de lycra®
26 ans : Noces d'argile
27 ans : Noces de bière
28 ans : Noces de plume
29 ans : Noces d'avoine
30 ans : Noces de teck
31 ans : Noces de laser
32 ans : Noces d'aluminium
33 ans : Noces de viscose
34 ans : Noces de cristaux liquides
35 ans : Noces de café
36 ans : Noces de pavot
37 ans : Noces de poil
38 ans : Noces d'élasthanne
39 ans : Noces de yucca
40 ans : Noces de feu
41 ans : Noces de plancton
42 ans : Noces de tisane
43 ans : Noces de seigle
44 ans : Noces de silicone
45 ans : Noces de mélaminé
46 ans : Noces de tergal
47 ans : Noces d'UV
48 ans : Noces de foie gras
49 ans : Noces de tuile
50 ans : Noces de soupe
51 ans : Noces d'arcopal
52 ans : Noces de suif
53 ans : Noces d'opium
54 ans : Noces de noix
55 ans : Noces de zinc
56 ans : Noces de sphaigne
57 ans : Noces de provitamine B
58 ans : Noces de latex
59 ans : Noces de carton
60 ans : Noces de monoï
61 ans : Noces de wifi
62 ans : Noces de lierre
63 ans : Noces d'aloé-véra
64 ans : Noces de film étirable
65 ans : Noces de brique
66 ans : Noces de chanvre
67 ans : Noces de poussière
68 ans : Noces de javel
69 ans : Noces de poppers
70 ans : Noces de chrysanthème
71 ans : Noces de quartz
72 ans : Noces de truffe
73 ans : Noces de lave
74 ans : Noces de sequoïa
75 ans : Noces d'arthrite
76 ans : Noces d'aspartame
77 ans : Noces de chips
78 ans : Noces de naphtaline
79 ans : Noces de guimauve
80 ans : Noces de sapin

Lexique

B

Backroom

Arrière-salles sombres dans des bars, saunas ou cinémas gays, permettant d'avoir des relations intimes en toute discrétion.

BFF

Best Friend Forever, votre meilleur(e) ami(e).

Big day

Votre grand jour à vous : votre mariage, les chéris !

C

Caïpirinhas

Cocktail brésilien à partir de cachaça, de citron vert et de sucre.

C'est bon, mais attention ça rend fou.

Ceo

Chief executive officer. Le patron, le boss !

Cheerleader

Pom-pom girls, ou en général celui ou celle qui encourage.

Crew

Bande, équipe, posse, vos potes !

ABCDE

E

EVJG

Littéralement « Enterrement de Vie de Jeune Gay ».

F

Flashmob

Rassemblement éclair dans un lieu public, déterminé à l'avance, d'un groupe de personnes, pour y mener une action, pas forcément revendicative. Ça peut être une chorégraphie aussi, comme dans *Modern Family*.

Si vous ne connaissez pas cette série, s'il vous plaît, regardez-la. Merci ! Bisou !

G

Gay friendly

s'agissant de personnes, d'établissements, qui accueillent les homos avec plaisir et sans grommeler dans leur barbe des choses méchantes.

J

Jackass

Littéralement, un casse-cou, un jackass, c'est la personne (souvent saoule) qui fait des cascades pour faire rigoler les copains. C'est devenu une émission très populaire aux États-Unis, où l'on pouvait voir Steve-O faire des choses stupides et dangereuses (mais drôles, c'est vrai).

N

Near death experience

Les gens qui frôlent la mort parlent parfois de visions qu'ils ont eues au moment où ils « partaient ». Un tunnel, l'impression de revivre toute leur vie en quelques secondes... On appelle cela une *Near death experience*, ou NDE, ou expérience de mort imminente, pour les francophiles.

O

Outfit

Tenue, costume, vêtements, en anglais.

P

Pole dance

Les strip-teasers qui dansent autour d'une barre et s'affairent à « faire plaisir au public » pratiquent le pole dance.

Profil pics

« Photos de profil ». Expression utilisée sur les réseaux sociaux, principalement.

Q

Queer

Littéralement « étrange », « peu commun ». Aujourd'hui utilisé par la communauté gay et transsexuelle, le mot « queer » était à l'origine une insulte. Mais ce qui ne tue pas rend plus fort, et l'expression est passée dans le vocabulaire, car adoptée par celles et ceux qui ne veulent pas se définir uniquement par leur genre et leur orientation sexuelle.

LMNOPQ

R

Red carpet

Le tapis rouge, comme à Cannes ou à Monte-Carlo.

S

Stripper

Un(e) strip-teaser

V

Voguing

Danse créée par Madonna dans les années 80 et adoptée comme un style de danse reconnaissable grâce à ses mouvements carrés, ainsi qu'à l'expression qui arrive TOUJOURS dans une chorégraphie de voguing à savoir : « Strike the pose ».

W

WTF

What The Fuck, autrement dit : « Qu'est-ce que c'est que ce bordel ? »

Z

Zentaï

Combinaison intégrale, en lycra ou en latex. On l'enfile par les pieds comme une grenouillère, avec en plus une cagoule sans trou pour les yeux et un zip pour tout bien fermer dans le dos. Le zentaï était utilisé par les fétichistes à la base, mais aujourd'hui il est à la mode. On en met parfois dans des soirées pour rigoler.

Mais il fait chaud là-dedans et on n'y voit rien.

RSTUVWYZ

Carnet d'adresses

WEDDING PLANNER

Manuel Delcourt

16, rue Darcet 75017 Paris
01 42 26 64 3 / 06 28 47 71 87
Email : manuel@weddingandco.com
www.wedding-gay.com

FAIRE PART

MonFairePart.com
30 avenue de Lautagne
26000 Valence
09 52 52 72 11
contact@monfairepart.com »
http://www.monfairepart.com

PHOTOGRAPHE

Autour de Paris

Virginie Khateeb

23, rue la Condamine
75017 Paris
06 50 50 54 37
contact@virginiekhateeb.com
www.virginiekhateeb.com

Ludo Martin

6 rue Marcel Bourdarias
94140 Alfortville
06 19 60 37 81
http://www.ludomartin.com

ALLIANCES

Anne Milbeau

anne.milbeau@gmail.com
www.annemilbeau.com

Les créations Adamantines

http://www.lescreationsadamantines.fr/

STYLISTE

Cécile Réaubourg

06 33 98 08 53

Anaïs Delcroix
06 88 65 33 20
a.delcroix@hotmail.fr

Geoffroy Lasne

06 20 62 20 56
contact@geoffroylasne.com
http://www.geoffroylasne.com/

Est

Chloé Vollmer-Lo

contact@chloevollmerlo.net
http://chloevollmerlo.net/

Ouest

Davy Jourget

La Rochelle
davyjourget@gmail.com
www.dj-photogrpahie.com

COSTUMES

Jean Paul Gaultier

http ://www.jeanpaulgaultier.com/fr

Guillaume Diar (Paris)

http://mademoisellesemarieofficiel.wordpress.com/

MAQUILLAGE/COIFFURE

Hélène Balderas

lnbalderas@me.com

ÉPILATION MASCULINE

Paris

Ohm Institut

6 rue de la Victoire
75009 Paris

http://www.ohm-institut.fr/les-hommes

Marseille

Que du bonheur Institut

635, Avenue de Mazargues,
13009 Marseille

http://www.quedubonheurinstitut.fr/tarifs.html

Lyon

Spa Osmose

12 rue de la Barre
69002 Lyon

http://www.spa-osmose.com/epilation,homme,femme.php

Nantes

Institut de beauté Amazone

3bis place des Tonneliers,
44300 Nantes

http://www.institut-beaute-amazone.com/

Nord

Beauté Homme Expert

8 place de la Victoire
59700,Marcq-en-Baroeul

http://www.beaute-homme-expert.fr/soins-corps.asp

MASSAGES

Éric massage

http://www.eric-massages.com/
eric.massages@me.com
06 33 45 02 32

SPAS

À Paris

Spa de la reine

http://www.spa-hotels-luxe.com/spa.php?nomSpa=Spa-de-la-Reine

En Corse

Spa des pêcheurs

http://www.spa-hotels-luxe.com/spa.php?nomSpa=Hotel-Spa-des-Pecheurs

En Haute-Savoie

http://www.mont-darbois.fr/default-fr.aspx

Sur la côte d'Azur :

http://www.deepnature.fr/index.php/ville/item/nice?category_id=4

TRAITEURS ET/OU RESTAURANT

Bretagne :

Brest Location Réceptions

130 rue de Salanguis
29490 Guipavas
02 98 01 20 20
02 98 01 28 71
nicolas@brest-location-receptions.fr
www.brest-location-receptions.fr

Alain Pochart Traiteur

25 rue du Commandant Groix
29200 Brest
02 98 47 64 11
06 01 88 12 39
production@traiteur-pochart.com
www.traiteur-pochart.com

Languedoc-Roussillon :

Restaurant l'Artiste

20 rue de Brésis
30100 Alès
04 66 54 49 45
bernard.maulet@orange.fr
www.restaurant-lartiste-ales.fr

Traiteur William Balducci

1487 avenue des Maladreries
30100 Alès
04 66 56 98 46
06 70 14 88 60
contact@balduccitraiteur.fr
www.balduccitraiteur.fr

Normandie

Fabdecaen Traiteur

41-43 rue de Vaucelles
14000 Caen
02 31 82 37 81
09 55 14 69 92
fabdecaen@free.fr
www.fabdecaentraiteur.fr

L'Autre café

La Roche qui Boit
50240 Saint Laurent de Terregatte
02 33 48 57 81
www.larochequiboit.fr

LOCATIONS DE CHALETS

Savoie

Comborcière, « le domaine des gays skieurs ».

1, route des Champions,
73300 Les Sybelles
Tél. : 04 79 83 09 20
E-mail : info@comborciere.com

Normandie

Tel. 06 13 85 66 63
Site : http://www.location-gite-jardin-honfleur.com/

Sud-Ouest

Domaine du Leonberg

Contact : 06 47 62 82 80
domaineduleonberg@gmail.com

Aveyron

Les Granges d'Ucafol

http://www.gitelesgrangesucafol-laguiole.com/

CASINOS

Normandie

Casino de Deauville

http://www.lucienbarriere.com/fr/Casino/Deauville/accueil.html

Ouest

Casino de St-Malo

http://www.lucienbarriere.com/fr/Casino/St-Malo/accueil.html

Est

Casino d'Amnéville

http://www.casino-amneville.com/

Rhône-Alpes

Casino d'Évian

http://www.casino-evian.com/

Sud

Casino de St-Tropez

http://www.lucienbarriere.com/fr/Casino/St-Raphael/accueil.html

JEUX DE PISTE

France

Le pays cathare

http://www.payscathare.org/

Wissant

http://www.ville-wissant.fr/spip/spip.php?article35

PAINTBALL

Île-de-France

Go park

25, rue de Ménandon
95300 Pontoise
01 34 42 68 68
info@gopark.fr
http://www.gopark.fr/grand_public/

Rhône-Alpes

Le tracker

70, quai Perrache,
69002 Lyon
04 78 42 34 99
http://www.le-tracker.com/

ANNEXES

Sud-Est

Paintball 06

Chemin des cades
06140 Vence
04 93 58 95 90
info@paintball06.fr

Sud-Ouest

Paintball extreme 64

Route des Cimes D22 ,
64480 Halsou, à Cambo,
Pays Basque
05 59 93 19 60
contact@paintballextreme64.com
http://www.paintballextreme64.com/

Nord

Paintball 59

Willem
Rue du grand marais
59000 Lille
06 10 08 42 21
outteryck.guillaume@hotmail.fr
http://www.paintball-lille-metropole.com/

Est

Aventur'est paintball

250, Allée des Merisiers
54840 Velaine en Haye
03 83 49 18 84
contact@aventurestpaintball.com
www.aventurestpaintball.com

Ouest

Paintball xp

73 rue de la Verrerie
44400 Rezé
http://www.paintballxp.fr/

VOYAGES

Antilles françaises

Hôtel Taïwana

Flamands, 97133
Saint-Barthélemy
French West Indies
+ 590 590 29 80 08
www.hoteltaiwana.com
reservation@hoteltaiwana.com

Hôtel Christopher

Pointe Milou F-97133
Saint-Barthélemy
French West Indies
+ 590 590 27 63 63
www.hotelchristopher.com
reservation@hotelchristopher.com

Espagne

Hotel Los Globos

Avenida. Nuestra. Señora de Montserrat, 43 El Vinyet
08870 – Sitges
+(34) 93 894 93 74
www.hotellosglobos.com
info@hotellosglobos.com

IFA Catarina Hotel

Avenida de Tirajana, 1
E-35100, Playa del Inglés
Gran Canaria
+ 34 928 762 812
http://www.ifahotels.com
catarina@ifahotels.com

Office du tourisme de Gran Canaria

http://www.grancanaria.com

Canada

Alacoque

Bed & Breakfast Revolution
2091-2093 Saint Urbain, Montréal
Québec, Canada H2X-2N1
+1 (514) 842 0938
http://www.bbrevolution.com/fr/index.htm
info@bbrevolution.ca

Maison Des Jardins

Gite/Bed & Breakfast
&1365 Logan, Montréal
Québec, Canada H2L-1X4
+1 (514) 598 7359
demande@maison-desjardins.ca
www.maison-desjardins.ca

Grèce : les îles Cyclades Grèce

On s'arrête principalement à Mykonos, pour profiter de ses plages, de sa folle vie nocturne et de son ambiance de fête permanente.

CROISIERE

La croisière Goudoupédés

800 passagers pour 10 jours de périple en Méditerranée et en Adriatique!

Activités à bord : des spectacles, des DJset, des soirées thématiques et costumées, un Sauna musical et des escales près des plus belles plages du Bassin Méditerranéen.

infos & réservations : http://www.attitude-travels.com/croisiere

Notes des mariés

....

....

....

....

....

....

....

....

....

....

....

....

....

....

Table des matières

AVANT-MARIAGE 61

LA RÉCEPTION 141

LA LUNE DE MIEL 193

ANNEXES 203

Remerciements

À nos modèles

Ali Nasser Belkacem, Chloé Volmer Lo, Gurwan Tran Van Gie, Océanerosemarie, Océane Hô Dinh, Maëva Le Berrre, Valérie Archeno, Paul Nguyen, Nelson Raphaell Madel, Claire Marine Chassain, Nick Haughton, Camille Delalande, Sébastien Prébois, David Courtin, Franck Lorrain, Christophe Salengro, Laurie Lefret, Maria Deflores, Pep Garrigues, Alexandre Le Nours, Gerdel Jones, Axel Redon et Emili Capman

Pour les bijoux :

Les créations Amandine et Gérard Salomon

Pour les robes de mariées :

Odile Léonard et Guillaume Diar

Special thanks to :

Audrey Aubert et Jean-Christophe Levassor, Romain Hirtz, Édouard Bonan, Sandrine Courtin, Yves Jeuland, Yves Robert, Rémi Feraud, Hervé et Méziane du Tango Cabaret, Anne et François Gouverneur, JC et Valérie Gasser, Adeline Ferrante, Anaïs Delcroix, Célie Reaubourg, Alisson Dep, Hélène Balderas, Anne-Cécile Clément, Nicolas Puluhen et Élisabeth Lévèque.

Et un grand merci aux illustrateurs : Jessica Lisse, Olivier Tallec, Vainui de Castelbajac, Jul, Sandrine Revel et Nine Antico.

Achevé d'imprimer en mars 2013
Sur les presses de l'Imprimerie Moderne de L'Est
Dépôt légal : avril 2013
Imprimé en France